Anita Desaj
POD STARATELJSTVOM

REČ I MISAO
KNJIGA 493–494

S engleskog prevela
ZORA MINDEROVIĆ

ANITA DESAJ

POD STARATELJSTVOM

IZDAVAČKO PREDUZEĆE „RAD"
BEOGRAD

Izvornik
Anita Desai
IN CUSTODY
Penguin Books, 1984

GLAVA PRVA

Dok je kupovao cigarete u kantini koledža, neko ga je potapšao po ramenu i on se okrenuo, njegovo prvo osećanje bila je radost, pa je uzviknuo „Murate? To si ti!" a cigarete mu ispadoše iz ruke od zaprepašćenja. No, to se odmah pretvori u nelagodnost. Kad se Murat nasmeja, pokazujući zube crvene od betelovog lišća, ispod malih nakostrešenih brkova, koji su još uvek krasili njegovu gornju usnu. „Murate, ali ja baš sad imam predavanje", promucao je, dok mu je Murat stezao ramena tako čvrsto kao da ne namerava da ga pusti.

„Prestani da se brineš o svome predavanju", reče Murat, privlačeći ga sebi i smejući mu se u uvo. „Došao sam čak iz Delhija da te vidim – zar mi ne možeš posvetiti pola sata svog vremena?"

„Ali danas je ponedeljak – nikako ponedeljkom, Murate."

„O, znači prijateljstvo je samo za nedelju? Je li to prijateljstvo?" bubnjao je Murat.

Izašli su iz kantine, prešli preko prašnjave poljane koja je razdvajala šupu kantine od kovanog gvožđa i zgradu od cigala koledža u kojem je Deven predavao. Deven je bio svestan da su mnogi njegovi studenti posmatrali ovaj susret sa starim prijateljem, otvoreno su zurili, a neki su se čak i zlobno smeškali. Pokušao je da se diskretno izmigolji iz Muratovog zagrljaja, da ga ne bi uvredio.

„Samo još jedan čas, Murate, a onda mogu da idem kući."

„Kući? Ko želi da ide kući?" uzviknu Murat. „Ići ćemo na ručak u najbolji restoran tvog velikog grada. Ako sam ja došao čak iz Delhija da te vidim, ti me možeš bar počastiti dobrim ručkom", dodade džangrizavo.

„Svakako, svakako", uveravao ga je Deven, osećajući se krivim zbog svoje negostoljubivosti. „Uzmi cigaretu, kupio sam dve." Nespretno zavuče ruku u džep košulje, izvadi cigaretu i dade je svom prijatelju.

„Još uvek si čovek od dve cigarete?" nasmeja se Murat, držeći cigaretu među prstima i čekajući da Deven kresne šibicu. Martovski vetar brisao je otvorenom poljanom, kovitlajući prašinu i suvo lišće, pa je to bio dug i nespretan čin. Kad se to najzad završi i kad su najzad nastavili da hodaju, Murat drsko reče: „Samostalan predavač u koledžu, značajan građanin Mirpora i još ne može da priušti sebi paklo cigareta? Čini mi se da si tamo gde si bio za vreme studentskih dana. U čemu je stvar?" „Ne, ne, moja žena mi je rekla da ne kupujem celo paklo odjednom. Ona kaže, ako izlazim da kupujem jednu cigaretu, pušiću manje." Pokušao je da se nasmeje, kao nekad, prijatnoj šali. „Žene uvek pokušavaju da te nateraju da pušiš manje, da piješ manje, znaš već."

„Znači, još uvek piješ? Milo mi je što to čujem", prokevta Murat i opet pljesnu Devena po ramenu. „Hoću li dobiti i piće uz ručak?"

Deven je bio preneražen. Osvrnu se kradom levo i desno. Penjali su se stepenicama koje su vodile u salu koledža. Svako ih je mogao čuti, čak i neko od službenika ili čak i sam dekan. Obrve mu se sastaviše u mrkom pogledu. „Murate, molim te, sad me ostavi", promucao je nelagodno, zgrbivši se i pritiskajući knjige na grudi, „moram sad da držim čas."

„Čak ni poseta starog prijatelja, koga nisi video godinama, ne može te naterati da propustiš svoje prokleto predavanje", uzviknu Murat, pretvarajući se da je besan. „Možda nije ni trebalo da dođem. A zašto sam se trudio da uhvatim autobus, da putujem po ovoj vrućini da bih video starog prijatelja, kome nije stalo do toga?"

Deven se osećao nelagodno, ubeđen da je Murat za ovu posetu imao razloge koje još nije otkrio. Rešen da ne ide s Muratom ni korak dalje, stajao je na vrhu stepeništa i molio: „Molim te, Murate, čekaj me u kantini. Popij tamo čaj. Ja ću ti se pridružiti posle časa." Zatim se naglo udalji u takvom očajanju da je naleteo na grupu studentkinja i izazvao mnogo uvreda, sukobljavanja, kikotanja i cerekanja, a Murat je stajao i to gledao s osmehom.

Istrgnuvši se od njih, Deven se uputi hodnikom u svoju učionicu i stiže do katedre pored table kao u pribežište, dahćući od napora i olakšanja. Ovde može da okrene leđa studentima i da se pretvara kao da piše nešto na tabli dok se pribira i pokušava da uspostavi svoj autoritet nastavnika i smiri svoje uznemirene živce i svoju rastrojenost. Zašto ga je Muratova poseta toliko uznemirila? Naravno da ne postoji neki očigledan razlog. Oni se znaju još iz školskih dana. Murat je bio razmaženi bogati dečak džepova punih para za bioskop i cigarete, a Deven, sin siromašne udovice, koji je mogao biti podmićen i kupljen da sve čini za njega. I mada je to bila osnova njihovog prijateljstva, ono se razvijalo i menjalo i izdržalo probu vremena. Ali, Deven nije voleo što se on pojavio nenajavljen u vreme njegovog rada u koledžu i uznemirio ga baš kad mu je bila potrebna koncentracija. To je veoma nezgodno, i umesto da ide kući na ručak, moraće da oneraspoloži svoju ženu, što će biti primorana da ga čeka, a on se neće pojaviti nego će morati da potroši suviše novca na ručak u restoranu za Murata. Pritisnu šakom džep od košulje gde je držao novac otkako mu je neki džeparoš ukrao novac u autobusu. Nije bilo ničeg da se napipa u džepu izuzev jedne smrvljene cigarete. Bio je kraj meseca i baš je jutros morao da Sarli da novca za domaćinstvo. Kako da to postigne? Nije mogao podneti pomisao na blesak Mura-

tovih svetlo obojenih zuba u još jednom podrugljivom osmehu i njegove reči: „Još si čovek od dve cigarete."
Zašto ne bi Murat platio ručak? Ne samo što je bio sin bogatog trgovca kašmirskim tepisima u Delhiju – mada je on tvrdio kako ga je otac razvlastio, iako je još uvek živeo u njegovoj kući – nego je bio i glavni urednik časopisa koji mu je otac, na njegov nagovor, kupio i za koji je voleo da kaže da je veoma uspešan. Istina je da nikad nije platio Devenu za prikaze knjiga koje je štampao u jednom broju pre šest meseci, ni za pesmu koju je prihvatio da štampa u sledećem broju. Možda je zaboravio. Možda je došao u Mirpor da mu plati.

Iznenadno i divljački, Deven izbrisa sve što je napisao na tabli zajedno s ovom glupavom sangviničnom idejom i okrete se da se suoči sa studentima, koji su se okupljali iza njegovih leđa, škripeći stolicama i dovikujući se preko klupa. Nije mudro što je dopustio sebi takvo povlađivanje fantazijama o iznenadnom bogatstvu, neočekivanim čekovima, o prihvatanju u književnim krugovima metropole, tako primamljivim. Detinjasto se obrecnu na sebe, uz malo škrgutanje zubima, koje su neki studenti blizu njega izgleda čuli, jer su ga pogledali ispitivački. Bio je sad suviše star, nastavio je sebe da grdi opsesivno, i imao je suviše gorka iskustva u životu da bi pridavao ikakvu važnost tako detinjastim fantazijama.

„Uveo kao poslednji list na drvetu
Potresen ledenim udarom zime",

mrmljao je sebi u bradu, jer on je veoma često recitovao poeziju glasno, navika za koju su mu rekli da ju je imao njegov otac-učitelj, i za koju je osećao da je imao pravo da je nasledi.

Studenti iz prvog ili drugog reda počeli su otvoreno da zure u njega. Postao je najzad svestan njihovih radoznalih lica, njihovog iščekivanja, i on ispravi ramena da se susretne s njihovim pogledima. Izraze koje je ugledao – dosade, zabave, drskosti i prkosa – učiniše da usredsredi svoj pogled na vrata u udaljenom uglu prostorije, koja su vodila u hodnik, u slobodu. Godinama je primenjivao ovaj trik ignorisanja svojih studenata i govorenja samom sebi, ili nekome napolju, nevidljivom. To ga je činilo dosadnim nastavnikom, koji nije bio u stanju da privuče pažnju, a kamoli da zasluži poštovanje svojih neposlušnih studenata.

„Prošli put zahtevao sam od vas da pročitate sve što možete naći od poezije Sumitre Nadampanta", započe, podižući glas tako visoko da bi ga čuo onaj nevidljivi student iza vrata, idealni student. Sad mu zastade reč u grlu." Nadam se da ste to učinili", propištao je, i studenti se raspadoše od smeha.

„Nemoj da se smeješ", reče spuštajući čašu hladne mlaćenice. „Ovo nije prestonica, ovo je samo jedno selo."

„Dakle, ovo je seoska hrana", mrštio se Murat. „Potrudiću se da nikad više ne posetim tvoje selo."

„Nije baš tako loše," bunio se Deven. „Probaj ovu rotkvicu," nudio ga je. „Ovde bar imamo dobro sveže povrće!"

„Presna rotkvica, hrana za krave i svinje", prostenja Murat; ipak je uze, i čini se da je jeo s uživanjem, hrskajući.

Srećom, mali restoran u bazaru bio je prepun ljudi koji su došli da ručaju, čuo se razgovor, smeh i mljackanje, zveket limenog posuđa, kašika, kutlača, tako da se Deven nije bojao da će neko čuti uvredljive primedbe njegovog prijatelja na račun hrane. Istina je da ovo nije bilo baš mesto da se tamo jede. Pošto se nalazio uz samu autobusku stanicu, posetioci su bili, uglavnom, vozači autobusa i putnici koji su žurili, zbog čega je usluga bila zbrzana. Restoran je morao izgledati veoma jadno u poređenju s onim u Delhiju, no, on nije mogao nikako priuštiti sebi ručak kod Kvalitija ili Gejlorda, dva najbolja restorana, oba s klima uređajima i preteranim cenama, na glavnom putu, gde su veće radnje i nadleštva, i možda nije loša ideja pokazati Muratu da on uopšte nije dobrostojeći i da može sebi priuštiti samo jednostavan kari od krompira i pržene uštipke u prčvarnici prljavog bazara. Gledao je u ogledalo koje je visilo iza Muratove glave i posmatrao mušterije kako ulaze i izlaze iz ruža i vinove loze ugraviranih na ivicama, dok je Murat dovršavao porciju sirovih rotkvica.

Na njegovo iznenađenje, Murat kao da je razumeo poruku koju je pokušavao da mu ćutke prenese. Posluživši se karijem od krompira i hlebom, gunđao je: „Nikako ne valja što su naši predavači loše plaćeni. Kako mogu intelektualci ove zemlje obavljati vredan posao ako im niko ne ukazuje nikakvo poštovanje niti daje ikakvu naknadu za sve patnje kroz koje moraju da prođu za ljubav umetnosti."

Deven je žestoko klimao glavom u znak odobravanja, savladan neočekivanom osetljivošću svog prijatelja prema njegovom položaju. Retko se nailazi na takvu osetljivost kod ikoga sem kod kolega u sličnom položaju. Poslušivši se poslednjom kašikom karija u činiji – porcije su bile veoma male, primetio je žalosno, uzdahnuo je i rekao: „Da, moj prijatelju, sad vidiš kako je teško preživeti u ovakvom položaju. Kad bih znao kako da promenim svoju situaciju, učinio bih to – no, šta da se čini?" Zatim mu pade na pamet ideja tako snažno kao da ga je neko udario po glavi. Njena hrabrost potpuno ga je zbunila, ali, bio je kraj meseca i račun će isprazniti njegov džep i neće mu ostati ništa za čaj ili cigarete do kraja ove nedelje. Očajno stanje njegovog položaja natera ga da kaže nešto što inače nikad ne bi rekao. Kroz celo svoje detinjstvo i mladost znao je samo za jedan način ponašanja u životu, a to je da se sakrije i ostane nevidljiv. Oslonivši se na laktove, naže se i izgovori emotivno: „Kad bi nam samo plaćali za članke i prikaze koje pišemo za magazine i časopise, to bi bila pomoć."

No, sad Murat više nije bio ni osetljiv ni saosećajan. Pipao je prstom nešto u ustima od čega mu se lice smračilo i namrštilo od besa. Izvadivši to, stavi ga na ivicu tanjira i zagleda se u to. Da li je uopšte čuo Devena? Podigavši glavu, mrko je pogledao Devena, kao da je on stavio kamenčić u hleb da on zagrize. „Umalo nisam izgubio zlatnu navlaku", izgovori besno. „Svako misli da je lako izdavati časopis", nastavio je. „Niko ne zna koliko to košta. Svakog meseca nastaje kriza – štamparija odbija da štampa dok se ne isplate prethodni računi, distributer odbija da plati primerke od prošlog meseca, račun za telefon, poštarina... troškovi veliki. Šta ti znaš o tome?" agresivno je izazivao Devena. „Brige, brige, brige. A gde su čitaoci? Gde su pretplate? Ko još čita na Urdu jeziku?"

„Murate, tvoj časopis mora se održavati za one koji ga još uvek čitaju", reče Deven vatreno.

„To i činim", odvrati Murat besno. Sad spremam specijalan broj o Urdu poeziji. Neko mora da održava slavnu tradiciju Urdu književnosti. Ako to ne činimo, kako ona da preživi u ovoj eri – tog vegeterijanskog čudovišta – Hindi jezika?" izgovorio je poslednju reč s takvom odvratnošću da Deven ustuknu i zgrči se u svojoj stolici, jer on je predavao Hindi u svom koledžu i stoga i sam bio odgovoran do izvesnog stepena za sadašnju situaciju. „Taj jezik seljaka", izrugivao se Murat, čačkajući zube palidrvcem. „Jezik koji je odgajen na rotkvicama i krompiru", smejao se grubo, gurnuvši u stranu tanjire na stolu. „A ipak, kao i ovo povrće, on cveta, dok Urdu, jezik dvora u danima kraljevstva – sad tavori u sporednim ulicama i na gradskom dnu. Za njega nema mesta da živi u stilu na kakav je navikao, nema careva i navaba da ga štite. Samo sirotija u svojoj sumornoj kancelariji, pokušavam da izdajem časopis u kojem on može da se održi. Eto, to ja činim." On baci još jedan ponosan i ljutit pogled na Devena i ispljuva mali komad iživakanog palidrvceta na njega.

„Murate, znam, znam", uzdahnu Deven. „Kako bih bio srećan da ti se pridružim i radim za tebe, za časopis. No, ja ne mogu da napustim svoj posao ovde. Morao sam da ga se prihvatim kad su mi ga ponudili. Bio sam oženjen, Sarla je bila trudna, znaš već... "

„Kako bih znao", odvrati Murat. „Treba li ja da budem za to odgovoran", nasmejao se grubo.

Deven se pretvarao da ne čuje. Nastavio je u pokušaju da pridobije Muratove simpatije. „Ne bih mogao ni sebe da izdržavam pišući na Urdu jeziku, a kamoli Sarlu i dete. Mogu da pišem sad na Urdu samo kao hobi."

„Samo tvoj hobi", podsmehnu se Murat. „Možeš li služiti jednom jeziku ako ga shvataš samo kao 'svoj hobi'? Zar on ne zaslužuje više? Zar ne zaslužuje doživotnu odanost – kao što je moja?" pitao je.

Deven podiže obe ruke uvis uz bespomoćan pokret prihvatanja svega što je Murat imao da kaže, prihvatajući i priznajući poraz.

Zatim mu Murat neočekivano viknu: „Kako bi bilo da pošalješ nešto za moj specijalni broj o Urdu poeziji?"

Devenove šake se uzdrhtalo spustiše na kolena dok se topio od tog predloga, i oseti kako se toplota razliva kroz njega pri pomisli da piše nešto na jeziku koji mu je bio prvi kad je bio dete u poluzaboravljenom, nestvarnom gradu svog detinjstva, i koji je još uvek bio njegova prva ljubav. Toplotu je izazvao i ponos što od njega traži prilog urednik časopisa za koji je mislio da je vodeći na Urdu jeziku. Murat ga je ubedio da je tako i on je bio srećan da u to poveruje. „Hoćeš li štampati moje pesme ako ti ih pošaljem. One što su preostale?"

„Neću. Ko će da čita tvoje pesme?" odgovori Murat odmah iznenadno. „Imam već dovoljno pesama za ovaj broj. Čim sam poslao cirkular objavivši to, prilozi su počeli da pristižu u velikom broju. Pesme, pesme, pesme. Svako ih piše, kažem ti", žalio se, čupkajući kosu u lažnom jadu. „Morao sam da to zaustavim. Morao sam da proberem; samo najbolje rekao sam, Firak, Faiz, Rafi, Nur... "

„Nur? On ti je poslao pesme?"

Murat izbeže odgovor i sleže ramenima. „Jadnik, on je suviše star i bolestan. Rekao sam da ću objaviti samo nove pesme, a ne izvode iz starih zbirki, a on nije napisao ništa novo. Gotovo je s njim."

„Ali, nijedan broj o Urdu poeziji ne bi bio potpun ako nema Nurovih stihova", uzviknu Deven, skandalizovan. „Stare, nove, nije bitno – moraš imati Nura."

„Naravno, moram imati Nura", odgovori Murat, iznenadno samozadovoljan. „Nur će biti zvezda broja. Svetlost koja plamti u centru i rasipa svoje zrake u sve krajeve sveta gde je njegova poezija poznata – u Iran, Irak, Maleziju, Rusiju, Švedsku – znaš li da smo opet poslali njegovo ime komitetu za Nobelovu nagradu."

Deven klimnu glavom. Znao je da to čine svake godine. On je lično bio ubeđen da će jednog dana stići odgovor iz Stokholma i iz osnova uzdrmati književni svet Indije. Osećao je kako već počinje da se trese pod njegovim nogama. U dva sata protutnja autobus iz Moradabada. Kad je prošao i kad je opet mogao da se čuje njegov glas, on upita: „Ipak ćeš štampati neke njegove stare pesme? Velike pesme o Ruži ili o Zimi? Znaš" – i on se spremi da recituje svoje omiljene stihove, one koji su sadržali opčinjenost i romantičnost koje je ikad iskusio u životu.

Ali Murat ga prekide i, oslanjajući se na laktove, naže se i progovori mu gotovo na uvo „Ne, neću, Devene. Ne štampam bajat, stari materijal u svom časopisu. Čak ako bih morao da čekam dva, tri, četiri meseca pre no što dobijem materijal koji želim. Kad ga dobijem, štampaću ga. Hoću sveobuhvatan članak o Nuru – Nur u starosti, umirući, pre no što ode kao kometa u tminu. Želim da ti napišeš taj članak."

„Ja?" zagrcnu se Deven, toliko savladan uzbuđenjem da je za trenutak sasvim zaboravio bučnu okolinu, prazne tanjire, neprijatan zadah iz Muratovih usta tik uz njegovo lice. Ugledao je kometu, brzu i bledu u mraku kao ptica noći.

„Idi i poseti Nura", nastavio je Murat. „Dobro poznaješ njegovo delo – mislim bolje nego iko. Zar nisi napisao knjigu o njemu?"

„Jesam, monografiju. Hoćeš li je štampati", zapita Deven zadihano, zamišljajući, da se svakakvi čudni događaji mogu desiti kad se pojavi kometa. Za trenutak se zbunio i pomislio: ta kometa nije Nur nego Murat, koji je došao iz Delhija da ga poseti, da mu pokaže svetlost: bio je voljan da u sve poveruje.

Ali Murat se obrecnu ljutito: „Ne, neću, dabome da neću. Neću da bankrotiram. Hoću da održim svoj časopis. O tome govorim, idiote. Pokušaj da slušaš. Budi ozbiljan. Hoću da ga pronađem u Čandni čoku."

„Kažu da on ne voli posetioce", reče brzo Deven. Seti se da je kometa nešto čega se treba bojati, loš je to predznak, nikako srećan. Nije mogao reći zašto, ali bio je uplašen.

„Slušaj, hoćeš li da napišeš taj članak za mene ili nećeš?"

„Murate, svakako da hoću."

Postao je krotak, obesio glavu, posmatrao svoje prste kako se drže za ivicu stola. Na svakom noktu jasno se ocrtavala bleda zanoktica.

„Onda čini ono što ti kažem. Pronađi ga. Idi kod njega i intevjuiši ga. Raspravljaj s njim o Urdu situaciji. Traži od njega njegove nove pesme. Pobogu, mora ih imati, i ja hoću da ih dobijem. Potrebne su mi za specijalno izdanje."

GLAVA DRUGA

Autobus je brzo ostavio za sobom Mirpor. Za Devena je bio mali šok što čovek može tako lako i brzo da se oslobodi nečega što mu se činilo ne samo kao ceo svet, jer on nije postojao izvan njega, nego često kao okrutna klopka ili zatvor, neuništivi zatvor iz kojeg se ne može pobeći.

Mada nije imao istoriju, grad je verovatno postojao vekovima, u najosnovnijem, najelementarnijem obliku. One šupe od lima i krpa, ma koliko izgledale nesigurne i nestalne, mora da su uvek postojale, ponavljale se iz generacije u generaciju, ne menjajući se u osnovi, i u tom smislu bile su stalne. Putevi između njihovih iskrivljenih redova s vremena na vreme pokrivani su katranom, ali prašina je uvek bila prisutna, uvek vidljiva. U stvari, ona je uspevala da pobegne ispod asfalta, da se digne i raširi po gradu, leti i zimi, stalno prisustvo, dovoljno debelo da se vidi i oseti. Za vreme monsuna, uvek kratkih i razočaravajućih na ovoj severnoj ravnici više od hiljadu milja udaljenoj od obale, pretvarala se u blato. No, sunce je ponovo izlazilo, veoma brzo, sušilo je i pretvaralo u uobičajen siv i zrnast oblik. Građani Mirpora, više sitni trgovci no poljoprivrednici, ne mogu biti okrivljeni što ne razumeju one patriotske pesme i parole o tlu, o zemlji. Za njih je to bilo tako opipljivo – prašina.

Istorija je razbacala tu i tamo nekoliko belega i oznaka, no, niko u Mirporu nije mislio o njima, a svakako im nije ukazivao nikakvu čast u obliku posebnih oznaka, prostora i zaštite. Mala džamija od mermera i ružičastog peščara, koju je podigao navab, pobegavši od odmazde Britanaca u Delhiju, posle pobune 1857. godine, i koji je želeo da obeleži svoje spasonosno bekstvo u ovaj nepoznat i na sreću zaboravljeni grad, a takođe i da podigne spomenik milosti božjoj, koja je, u to je bio uveren, to omogućila, bila je toliko zatrpana šupama, tezgama, kioscima, reklamama, dronjcima, zastavama, đubretom, beskućničkom sirotinjom bazara da je svakome bilo teško da je razazna ispod tog slojevitog pokrivača. Njene bele mermerne površine posivele su i oboginjavile od gradske zagađenosti, crni mermerni umeci ispali su ili su ih oštrim oruđem povadile zaludne ruke, crveni peščar kupole pretvorio se u boju prljavštine od dima otvorenih vatri, golubijeg izmeta i sveprisutne mirporske prašine. No, ona nije nikako zaboravljena, pet puta dnevno sveštenik doziva vernike i mnogi ljudi ulaze, peru se u plitkoj vodi, kleče i mole se u malom dvorištu među metlama i vatrama za kuvanje, ali niko o njoj nije mislio kao o istorijskom spomeniku, niti se sećao čoveka koji ju je sagradio, kao ni razloga zašto.

Hramovi su bili mnogobrojniji, ali nisu imali nikakvu istoriju. U Mirporu doslovno ne postoji čovek koji bi mogao nekom reći kad su sagrađeni i ko ih je sagradio. Ako bi neko istraživao, mogli bi mu reći da je ona svetloružičasta i bela građevina od cementa sa sveže obojenim idolom od gline i osvetljena fluorescentnim tubama, stara pet stotina godina, što, naravno nije baš tačno, no, ako se uzme u obzir da je to mesto moglo biti korišćeno za molitve toliko dugo, nije baš ni pogrešno. Hramovi su ista vrsta starine kao i sirotinjske šupe, tezge trgovaca. Često su rušene, ponovo građene i zamenjivane, no, njihov suštinski oblik ostajao je isti. Postoje takođe i mala kamena svetilišta, mali otvori u zidovima i upola zagušeni korenjem gramzivog drveća banjan, koja bi takođe mogla biti zaista stara i mada bi neko mogao da im obezbedi legende, niko ne bi mogao da im pribavi istoriju. Činjenica je da niko ne zna razliku.

Kako je bio bez reke, grad je imao cisternu za vodu, u kojoj u se ljudi kupali i odakle su uzimali vodu, mada se u njoj voda nije videla već samo sloj svetlozelene pene po kojem su ležali komadi papira, krpe i cveće kao na čvrstoj površini. Bilo je i bunara, u kojima je voda bila još uspešnije skrivena. Mirpor nije žalio truda da ostavi utisak potpune bezvodnosti. Nedavno je iskopan kanal za navodnjavanje polja agronomskog koledža, ali je kopan iza kuća koje su bile na periferiji grada, sakriven njihovim zidovima, i malo je bilo stanovništva koje je znalo da kanal postoji. Njihov život odvijao se gotovo potpuno u bazarima koji su spajali i razdvajali različita religijska svetilišta.

Teritorija oko džamije prirodno je smatrana „muslimanskom", a ostalo je bilo „hindu." Nije to bilo tako strogo odvojeno, i svakako nije bilo granica ili demarkacionih linija. Ipak postojale su razlike koje se nisu mogle videti golim okom, ali su ih svi znali i poštovali, tako da su svinje držane dalje od džamije, a krave nisu nikad ubijane u blizini hrama. Jednom godišnje, za vreme Mohuram procesije *tazija* kroz grad, policija bi se našla svuda s palicama, znojeći se od osećanja odgovornosti, i povećala napetost, u nameri da procesije drži podalje od hrama i krda krava-lutalica, ili od grupa veselo obojenih građana, koji su, na nesreću, često proslavljali Holi s paketima boja u prahu i kofama obojene vode istog dana kad i obred žalosti. Ako bi se sudarili, što se događalo s vremena na vreme, sevali su noževi, palice mlatile i krv tekla. Napetost bi neko vreme bila veoma visoka, novine – i Hindi i Urdu – ispunile bi se opreznim izveštajima i neiskrenim uvodnicima o sekularnosti Indije, dok bi se preko noći pojavili leci, manje oprezni, začinjeni pretnjama i optužbama. A onda bi se ponovo podigla prašina Mirpora, uzvitlala bi se i sve ponovo zatrpala. Građani Mirpora vratili bi se svojoj svakodnevnoj borbi za vazduh. Hindusi su klali svinje u svom kraju, Muslimani vodili na klanicu bivole umesto krava, shvatajući da bi ubijanje krava bilo ravno samoubistvu. Ono malo hrišćana u gradu jelo je meso i jednih i drugih i posećivalo malu crkvu od cigala, belo okrečenu i smeštenu na groblju, u senci prašnjavog *nim* drveća.

Ali, gde je bio centar ovog bezobličnog grada u ravnici koja nije čak ni reku imala, niti neko brdo, da mu pruža bar neki razlog za postojanje? Da li je bio u glavnom bazaru, okruženom džamijom, hramovima, dućanima, bioskopima, ili u ofucanom gradskom parku, gde su klupe od betona bile poređane u krug oko praznog vodoskoka obojenog plavo – opet odanost Mirpora potpunoj bezvodnosti – a polomljene cigle su ivičile cvetne aleje u kojima su bile prazne konzerve, papirne kese, a cveća nigde? Ovde, kroz sasušene ograde od lijandera i požutelog lišća *nim* drveća, mogli su se videti bungalovi gradskih funkcionera, kao što je opštinski činovnik, šef policije, i odmaralište odelenja za javne radove, koledž gde je Deven predavao i neke škole. Ove obrazovne ustanove dobile su ime po Lala Ram Lalu, Mahatma Gandiju, Svami Deanandu, Ani Besant, divljim zumbulima i suncu. Izuzev ova dva poslednja, niko od njih nije nikad posetio Mirpor, ali njihova slava i moć njihovog ugleda nisu ostali nezapaženi u gradu, jer Mirpor je bio izolovan, ali nije bio odsečen od sveta, kao što je Deven verovao. Ipak je imao železničku stanicu na jednom kraju bazara, autobusku na drugom, a stalni dolasci i odlasci vozova i autobusa davali su mu izgled mesta gde se zastaje na dugom putu, neka vrsta karavan-seraja. Ljudi su odlazili u Delhi da se posavetuju s lekarima u velikim bolnicama, da podnesu peticije raznim vladinim odeljenjima, da se pojave na sudu, prodaju robu, ili da preuzmu pošiljke. Drugi su samo prolazili, vireći kroz umazane prozore voza i pitali se koliko još ima do Delhija, ili su izlazili da kupe pomorandže, šećernu trsku, leblebije ili specijalne slatkiše, po kojima je Mirpor poznat. (A to je nešto sjajno, žuto, oblikovano u loptice, po kojima su išle muve, kao u crtanom filmu koji ilustruje zakone Zemljine teže.) Zatim su rado nastavljali put. To je ostavljalo utisak kao da je Mirpor u neprestanom pokretu. U stvari, bilo je više žurbe no zatišja, i ta žurba bila je često zaglušujuća. Ipak, žurba je bila čudno neproduktivna – žuti slatkiši spadali su u ono malo stvari koje su ovde proizvođene. Nije bilo gradnje vredne pomena, izuzev dnevnih opravki, nikakvog rasta, izuzev broja stanovnika. Ništa se nije činilo da postane stalno ono što je vekovima tvrdoglavo ostajalo privremeno – a drugi gradovi, druga mesta videli su plodove cele ove žurbe, ostavljajući Mirporu ruševine i đubre.

Njegova veština i tvrdoglavost stvarali su zamku, kako je to Deven osećao, a ipak je bilo lako ostaviti ga.

Čim je ušao u autobus koji ga je čekao na stanici, između tržnice za žitarice i tržnice za povrća, autobus je odmah počeo da se trza i klati, krčeći put preko pruge, zaobilazeći krdo hromih bivola i volovska kola natovarena šećernom trskom, i nekoliko bicikala, koja kao da nisu nosila samo bicikliste i kante s mlekom, nego i staru majku na sedištu, a onda je protutnjao pored grafitima izranavljenih žutih zidova koledža Lala Ram Lala, njegovog prašnjavog polja i ograde od bodljikave žice, prošao pored zidova od cigala Svami Deinand koledža za veterinu i agronomiju, koji kao da nije imao ljudsko stanovništvo, ali je bio smešten na zemljištu sa iznenađujuće bujnim zelenilom, žitom koje se talasalo i bugenvilama, koje su bujno rasle duž granične ograde, pored nužnika punih blata, balege i domaćih životinja, a onda je izbio izvan grada, u otvoren prostor. Komad zemlje između Mirpora i prestonice bio je, naravno, toliko kratak da tu nije bilo pravog ruralnog pejsaža – većina polja bila su uvela i pusta, limeni dimnjaci izbacivali su ogromne količine crnog i smrdljivog dima. S obe strane autoputa, fabrike cementa, radionice za preradu šećerne trske, radnje za opravku motora, ciglane, čajdžinice, autobuske stanice, osvojili su ono što je nekad moglo imati prijatan poljoprivredni karakter i izbrisali ga svim tim smećem, parafarnelijama i otpacima industrije: beton, cink, dim, zagađivači, raspadanje i rušenje, iz čega, kažu, proizlaze progres i prosperitet. Bilo je mnogo ogromnih plakata koji su objavljivali tu poruku, u koju je teško poverovati, sa slikama malih, nasmejanih porodica i velikih traktora i guma.

Međutim, Deven je odlučio da uživa u tome, samo zato što je to nešto drugo. Kao student, poznavao je provinciju samo kao pozadinu povremenih izleta s prijateljima. Odlazili su na biciklima, kupovali su šećernu trsku od nekog mrzovoljnog seljaka i sedeli u senci nekog porušenog spomenika, da je žvaću, pevaju pesme iz najnovije bioskopske predstave i govore nepristojnosti o filmskim glumicama. Tadašnja provincija nije imala više veze sa pejsažem slavljenim u poeziji koju je čitao nego sadašnja. Zatim, kad je diplomirao, oženio se i došao u Mirpor da predaje, ona je postala za njega neprohodna pustinja, koja je ležala između njega i prestonice sa izgubljenim blagom prijateljstava, zabave, atrakcija i raznih mogućnosti. Pretvorila se u onaj komad ničije zemlje, koji okružuje zatvor, zastrašujući u svojoj pustoši.

Sad je virio u to kroz stakleno okno pokriveno prašinom, i uzdrhta pun zebnje, baš kao što bi to učinio pušteni zatvorenik. Stoga je njegova svetlozelena najlonska košulja pucketala od skrivenog elektriciteta podsećajući ga kako je stigla s njegovom ženom posle njene poslednje posete roditeljskoj kući u Haldvaniju. Dodvorički poklon mrzovoljnom zetu, koji treba da bude smiren i zadovoljan kako se ne bi loše ponašao prema njihovoj kćeri. Bacio ju je na pod u obaveznom napadu besa – krotki nisu uvek blagi – rekao je da tu boju mrzi, da su dugmad neprikladna, broj suviše veliki – kako su mogli da izaberu tako jeftinu košulju za svog zeta? Zar misle da on ne zaslužuje ništa bolje. Sarla ju je podigla, ćutke savila i stavila u kutiju od cipela – jer zloba je često bez reči. Jutros joj je naredio da je izvadi, da je nosi na putu za Delhi. Pokušao je da ne obrati pažnju na njeno zlobno smeškanje dok ju je tresla i prostrla na krevet. Sad je prstima pipao dugmad, za koju je rekao da nisu prikladna, i zurio kroz umrljano i umazano prozorsko okno, *nim* drveće napolju, u poneki dolap i u stare, upregnute bivole i pokušavao da ubedi sebe da je on u stvari na putu za Delhi, da poseti pesnika, svog heroja, i da razgovara s njim. Ništa ga u životu nije pripremilo za priliku ovakvog značaja. Niti su vožnja autobusom niti najlonska košulja bili od pomoći.

Njegovi krupni sused u turbanu, primetivši njegove povremene drhtaje zebnje, ponudio mu je kikiriki u papirnoj kesi, upitavši ga u isto vreme: „Idete u Delhi?" Deven je odbio da uzme kikiriki, ali je morao da potvrdno odgovori na pitanje, jer autobus nije išao nikud drugde sem u Delhi, gde se okretao i vraćao u Mirpor, pun putnika.

„I ja idem tamo", poveri mu se njegov sused, s izvesnim ponosom, opruživši butine jednim širokim pokretom. „Prvi rođendan mog nećaka. Njegova mati rekla je da dođem, moraš doći, to mu je prvi rođendan. I ja sam zatvorio svoju radnju i odrekao se dnevnog pazara. Znate kakvi smo mi ljudi" – on stavi šaku na džep košulje, pritiskujući ga raširenim prstima. „Kad treba birati između glave i srca, mi uvek izaberemo srce, zar ne? Ne marimo za glavu", zacenio se od smeha i zagrizao i otvorio ljusku kikirikija.

Baš se pripremao da potpuno opiše svoj posao, kad autobus iznenada skrete naglo da bi zaobišao psa-lutalicu, koji se tromo vukao preko puta, udari ga u zadnje noge i on se zavijajući otkotrlja u jarak pored puta i zari se u naslagu žute prašine, dok su putnici pušili, kašljali i vikali, bunili se, ljutili se, upozoravali i saosećali.

Deven od toga zadrhta još više. Opet je najlonska košulja reagovala pucketanjem elektriciteta, kao da je to ovaploćenje Sarline zlobe i podsmeha. Njegov strah i gnušanje nad činovima nasilja i bola beše savladan razdraženošću. Za njega je bilo žučno razočaranje što nije putovao u Delhi, ovom važnom prilikom, u stilu koji više odgovara čoveku od knjige, književnom događaju. Nikad nije pronašao način da pomiri niskost svog fizičkog postojanja s čistotom i neizmernošću svojih literarnih čežnji. One su uvek bile napadane i razbijane tom niskošću kao sada, u obliku psa u agoniji, autobusa koji je poskakivao, suseda koji ljušti kikiriki, male limene kutije u koju je Sarla spakovala njegov ručak, a on je zavio u novine, male količine novca u svom džepu – sva ta poniženja i smetnje. Kako da od tog bednog materijala on sačini sastanak s velikim čovekom, vrstu dijaloga s njim, kako da obezbedi da se ova retka prilika takođe ne pretvori u prašinu, prolivenu krv i žalopojku?

Okrenuo se i pogledao kroz prozor, da vidi je li pas na putu smrvljen, krvari ili je mrtav. Ugleda jato vrana na žutoj travi pored jarka, koje su razmahivale krilima, presecajući vidik poput uznemirenih trepavica.

„Izgleda da je mrtav", promrmlja, nesposoban da savlada nelagodnost. Je li to neki predznak? „Sreća za psa ako jeste", reče filozofski njegov sused i duboko uzdahnu, od čega mu se sline u velikim nozdrvama oglasiše. Možda je to učinio iz žalosti ili iz zadovoljstva. Teško je bilo zaključiti po njegovom neosetljivom izrazu. „Rođenje i smrt, i samo patnja između, dodade on", sasvim veselo. Činilo se da to nema veze sa onim što je ranije ispričao Devenu o svom životu. „Kad nas Bog pozove", nastavio je, „to je blagoslov."

Nedostatak veze između čovekove misli i govora prekinuše Devenov tok razmišljanja. Sam je sebe iznenadio što odjednom glasno izgovori neke Nurove stihove, koji mu padoše na pamet, one o prvim sedim koje se pojavljuju na čovekovoj glavi kao beli cvet iz groba. Setivši se tih stihova, on nastavi:

Život je samo pogrebna pratnja
Koja se kreće ka grobu
Njene male radosti su cvetovi u pogrebnom vencu...

Posle ovog citata nastade tišina, dok je autobus glasno poskakivao, zaustavio i pretekao volovska kola i kamion, dok su dva čoveka, sedeći nelagodno jedan pored drugog, pokušavala da se prilagode zahtevnom prisustvu poezije među njima.

„To je divno", reče čovek u turbanu, lagano otresajući glavom, kao da je dobio udarac. „Vi ste pesnik", dodade s poštovanjem, okrenuvši se da pogleda Devena s neskrivenom radoznalošću. Imao je podliv u jednom oku, što je činilo da izgleda kao da zna nešto što Deven ne zna, i što natera Devena da se brani.

„Nisam, nisam", promuca, „ja sam samo nastavnik." Zgrbivši se, on ponovo utonu u svoju zabrinutu i mrzovoljnu personu.

Ova informacija učini da se njegov sused oseti osobito nelagodno. Njegove velike, teške butine odmakoše se od Devenovih mršavih nogu. Nije se više obraćao Devenu, niti mu je nudio kikiriki. Umesto toga, upravio je svoju govorljivu pažnju na čoveka koji je sedeo preko puta i držao kantu s mlekom između stopala. Prašnjav turban obavijao mu je glavu, a zelena krpa pokrivala jedno oko. S njim je otpočeo razgovor o cenama koje skaču, povećanju bezakonja i o poslednjoj žetvi.

Budući isključen, Deven je zurio u belu prašinu i žut korov, u rascepljeno drveće bez lišća, polomljene ograde, usamljene šupe od lima i cigala, i razbacane lešine životinja, koje su ispunjavale pejsaž, a ipak ga činile još goletnijim i pustim pod praznim nebom. Brada mu se spusti još niže, dok se pitao šta ga je nateralo da jutros krene s takvim poverenjem i uzbuđenjem. Sad je bio ubeđen da Murat nije mislo išta od onog što mu je rekao, da će ga izneveriti, kao što je često činio ranije, i da se on ipak neće sresti sa slavnim pesnikom. A i kako bi, on, beznačajan i lakoveran niko? A ako ga sretne, ako se takvo čudo dogodi, samo da mu još jednom dokaže kako nije u pravu, šta bi on to mogao reći njemu? Zašto se nije zadovoljio da recituje njegove stihove, izvlači utehu iz njih i impresionira druge izvorom svoje utehe. Kakva ga je ludost povukla da preduzme ovo putovanje u nešto što može biti samo katastrofa?

Dugo se muvao po međudržavnoj stanici na Ring Roudu, ne usuđujući se da uđe u grad i potraži Muratovu kancelariju u Kašmir Gejtu, i pokrene događaje dana za koje je znao da im nije dorastao. Kakva hvalisavost što je prihvatio Muratov izazov, što je pristao na zadatak za koji nije bio kvalifikovan, za koji nije imao ni iskustva ni samopouzdanja. Shvatio je da su on i Murat samo par lakrdijaških studenata, koji se ne mogu nadati da polože ispit života. Klovnovi: tako će ih Nur videti, kad drsko banu kod njega, nepozvani, samopozvani i postave mu svoja drska pitanja i zahteve.

To ga podseti (on se uhvati za džep): da li je upitnik još tu? Upitnik na kojem je radio iz noći u noć, posle Muratove posete. Tu je, osetio je pod prstima svežanj papira, koji ga je tešio brojem i čvrstinom. Ipak sam ja naučnik i ljubitelj poezije. To je tako. Uzdahnuvši, on izvadi cigaretu iz džepa i uputi se u čajdžinicu da je pripali na kraju konopca koji se pušio i visio o vratima baš u tu svrhu.

Ugledavši ga, vlasnik čajdžinice viknu: „Uđite, uđite, nemojte stojati napolju, potrebna vam je, sine, šolja čaja, posle dugog puta", i mada je Deven bio odlučio da izbegava suvišne troškove, da ih svede na ono najbitnije, povuče ga vlasnikov predlog, baš kao što ga je, bespomoćnog, povukao Muratov, i on uđe i sede na drvenu klupu uza zid i prihvati čašu slatkog čaja s mlekom. Ipak mu je bilo potrebno nešto da ga održi, u najznačajnijem danu svog života, kao odraslog. Svakako se nikad nije osećao neadektvatnije, a mera njegove neadekvatnosti mora da je u srazmeri sa zadatkom koji mu je postavljen. Od koga? Od Murata, zuba umrljanih sokom betelovog lišća, brkova kao četkica za zube, nepostojanog, prepredenog i poverenja nedostojnog ponašanja? Nemoguće. Video je ruku božju, kao da je bila snop prašnjave svetlosti koji se probijala kroz rupu krova od talasastog lima čajdžinice i spustila se na dršku kutlače kojom je vlasnik mešao vrelo mleko u velikon loncu na maloj vatri od ćumura.

Kad je ispio čašu do dna, ugledao je mrtvu muvu u talogu čaja.

Zagrcnu se, ali samo delimično, zbog vlasnikove prljavštine i bednog stanja higijene u njegovoj radnji. Ili čak zbog straha od tifusa i kolere. Bilo je to otkrovenje da su se svi predznaci toga dana sakupili i sastali na dnu čaše u njegovim rukama. Tu je ležao udareni pas, pobedonosne vrane, mrtva muva – sama smrt, ništa manje. Sakupili su se u posebnim prizmama muvinog oka, udavljenog ali blistavog u čaju, koje je zurilo u njega, ne trepćući.

Spustivši čašu, ustade i išunja se tiho, dok je vlasnik čajdžinice veselo pozivao putnike koji su iskakali iz sledećeg autobusa: „Dođite ovamo, prijatelji, dođite ovamo. Ovde ćete naći *pakore* pržene na čistom ulju, slatkiše od najčistijeg mleka i čaj s najviše šećera. Ovuda, prijatelji, ovuda."

Murat je strčao niz drvene stepenice da ga dočeka na pločniku ispred radnje za hemijsko čišćenje, gde je Deven još uvek proučavao zbrku plakata koje kažu „Bojadisanje i čišćenje – Snežna pahuljica", „K. K. Sahej i sinovi, štampari i izdavači od 1935. godine", pored mnoštva drugih sve podjednako stare i izbledele. Murat mu priđe, dišući teško: on kao da je bio posmatrao Devena s prozora na spratu ili je postavio nekoga da to čini. No, ko bi ga drugi prepoznao u ovom gradu? On se nije vraćao u njega kako je otišao posle diplomiranja, kad je, moglo bi se reći, rosa na njemu još uvek bila sveža, dok je sad bio, ili u svakom slučaju se osećao, uveo i siv. Murat je stajao, dišući teško i držeći se za dovratak. Zar nije hteo da Deven vidi njegovu kancelariju, proceni stepen uspeha ili poraza časopisa i proveri da li je Murat zaista u položaju da obezbedi saradnju pesnika i naučnika? Deven je morao da dobije potvrdu. Reče osorno: „Čemu sva ta žurba?"

„Dabome da je žurba", zagrcnu se Murat. „Zar ti nisam rekao da je sastanak u tri sata? Ima vremena samo da ručaš."

„Ja sam ručao", reče Deven glasno i sigurno. Neće ga Murat opet nasamariti tako brzo posle prošlog puta.

„Onda čaj," molio je Murat.

„I čaj sam popio", uporno će Deven. „Hajdemo u posetu Nuru!" Muratova se ramena naglo opustiše i kao da je imao neku nevolju s desnim okom: stalno ga je pritiskao krajem prljave i zelene maramice. Pogrbivši se, šmrkćući, ćutke pođe i poče da se probija kroz gomilu ljudi iz Kašmir Gejta, koji su išli na ručak, i Deven je morao da žuri za njim. Murat zastade samo u nekoj električarskoj radnji da se raspita da li je neka lampa opravljena. Deven je stajao pored slivnika, trudeći se da ga gomila ne gurne u njega, dok se Murat oštro raspravljao s električarem, koji, prekinut dok je ručao iz male limene kutije, nije bio baš učtiv.

„Kad nešto daš u ruke ovim bitangama, možeš s tim da se pozdraviš", reče Murat ogorčeno, okrete se kad električar, preko ramena, zatraži čašu mlaćenice, i vrati se onuda kuda je ušao.

„Ali, Murate – gde je Nurova kuća? Zar nismo zakasnili?"

„Zakasnili? Ko kaže da smo zakasnili? Zar ti misliš da starac ima ikakvog pojma o vremenu? Neka čeka", reče Murat, pokazavši opet promenu raspoloženja, kao da se igra s nekakvim unutrašnjim kaleidoskopom. Deven je posmatrao te promene i hirove bespomoćno, još od njihovih školskih dana na sokacima Darija Gandz, ali su ga još uvek zaprepašćivali i ljutili.

„Ne možemo ga pustiti da čeka", reče malo uzbuđeno. „On ne sme da nas čeka. Trebalo je da budemo tamo u tri – je li to daleko?"

„Ko zna?" sleže Murat ramenima sa začuđujućom nemarnošću. „On živi nedge u bazarima Čandni čoka – to je kraj koji ja ne poznajem", dodade s visine, šmrknuvši i pritiskujući oko.

„Pa kako ćemo stići tamo? Mislio sam da ti moraš znati", viknu Deven užasnuto. Često je imao noćne more u kojima se bori da stigne do neodređenog cilja, ali je stalno napadan iz zasede i skretan s puta, i nikad u snu nije stizao tamo, kao što nije ni na javi. Njegova stopala kao da su bila zapletena u lepljivu mrežu more koja mu nije dala da pobegne ni na jednom nivou svesnosti.

Baš u tom trenutku, jedan pepelom umazan *sadu*, s pitonom oko vrata i ramena, s vencem od nevena na glavi, ali bez ičeg na donjim delovima tela, poturi svoje prosjačko čanče Devenu u lice i čvrsto se uglavi između njega i Murata. Deven pogleda bespomoćno u čanče, što izazva *sadua* da glasno zazvecka nekolikim novčićima u njemu, kao da se obraća gluvom čoveku. Uplašen, Deven izvadi novac iz džepa i spusti ga u čanče ne bi li ga ovaj ostavio na miru. Oprezno je čekao da utvrdi neće li piton iznenada da se ustremi na njega – ko zna šta je životinju naučio da čini njen divljački trener? – zatim potrča za Muratom, koji je klizio kroz gomilu, kao da je put bio podmazan.

„Uplašila te ona zmija?" nasmeja se Murat vragolasto kad ga Deven stiže. „Baš si budala što si mu dao novac – zar ne znaš da je pitonu otrovni zub izvađen i da nije opasan?"

„Piton nije otrovan – svako dete to zna", odgovori Deven dostojanstveno, srećan što mu se za to dala prilika. „Hteo sam samo da se oslobodim *sadua*. Zašto sad toliko žuriš? Rekao si da Nur ne obraća pažnju na vreme."

„Ali, ja treba da se vratim u kancelariju. Ne misliš, valjda, da za život zarađujem tumaranjem po ulicama? Moram da radim."

„Slušaj, Murate", reče Deven uzbuđeno, „ti treba da me odvedeš kod Nura. Zato si me pozvao u Delhi i ja sam u tu svrhu potrošio svoj slobodan dan i prilično novca na autobusku kartu. A sad mi kažeš da me nećeš odvesti njemu."

„Ja te ne zadržavam. Idi. Zašto ja moram da te vodim? Jesi li ti beba? Plašiš li se čega? Misliš li da on može biti piton?" Murat se nasmeja podrugljivo. „Idi i poseti ga, intervjuiši ga, napiši članak za moj list, ja ću to pogledati i štampati. Ali, ja ne mogu da se ponašam prema svojim saradnicima kao da su bebe. Zar nije tako?"

„Onda mi daj njegovu adresu", reče Deven besno, „i ja ću sam otići."

„Ne deri se", reče Murat, osmehnuvši se iznenada, uspori korak i uhvati ga za ruku. „Ne viči na ulici, ovo nije tvoje selo. Ljudi nemaju potrebe da viču kao da su na suprotnim krajevima krompirišta. Sad si u gradu.

Bolje je da se ponašaš kao stanovnik grada, ako želiš da radiš za moj list. Hajde sa mnom u moju kancelariju i ja ću ti napisati preporuku i poslaću s tobom dečaka iz moje kancelarije, da ti pokaže put. Hoće li to biti dovoljno, gospodaru?"

Deven nije mogao da razazna da li je njegov osmeh bio zloban ili samo vragolast. To ga učini bespomoćnim.

„U redu", promrmlja, baš kao što je činio kad su bili đaci, i kad je Murat stajao ispred njegove kuće i, derući se, pozivao ga da igraju kriket na poljanama ispod gradskih zidina. Preko volje, jer nije bio sportista, i smatrao je loptu i mašku nepotrebnim i neprijateljskim, on bi svukao pidžamu i obukao kratke pantalone, silazio, i samo video Murata kako odlazi zviždućući i pretvarajući se kako je posle tolikog čekanja sad kasno i više mu se i ne igra kriket. Besan što je morao da se presvlači i ostavi čitanje, postao bi histeričan u insistiranju da idu i pridruže se igri. Kad bi ga učinio potpuno manijačnim, Murat bi se iznenada nasmejao i pristao da pođu. Deven se sećao promenjenih izraza lica dečaka dok se Murat približavao – njegova nedoslednost i opreznost ugrožavali su precizna pravila i napredovanje njihove igre, neizbežno ih vodili i u gubljenje strpljenja, bes i gužvu. Video je da se Murat nije promenio, no nije imao alternativu – otišavši ovoliko daleko, morao je da kaže: „U redu."

Bar će videti Muratovu kancelariju i utvrditi koliko je njegov opis iste istinit, a koliko je fantazija. Stoga je uporno išao za Muratom pločnikom, prošao pored radnji za opravku bicikala, pored tezgi s prženim uštipcima, čistača cipela i prodavaca lozova, probijajući se kroz gomilu ljudi koji su se vraćali na posao posle ručka, i domaćica s velikim torbama, i zbunjenih popodnevnih lica. Razmišljao je kako se veliki grad ne razlikuje od njegovog malog grada i da je razlika jedino u veličini. Ovaj je svakako veći, bučniji, veća je gužva i haos. No, to je sve, i taj obim, a ne nefamilijarnost, činio je da se oseća tako mali, slab i nedorastao, kad su stigli do stepeništa pored radnje za hemijsko čišćenje, koja je nosila naziv „K. K. Sahej i sinovi, štampari i izdavači od 1935. godine", no ništa bliže od toga listu ili časopisu. Osetio je olakšanje kad je otkrio, na vrhu stepeništa, ne samo mračno čegrtanje i zveketanje štamparije, nego i ćošak koji izgleda da je pripadao Muratu. Tu su bili pisaći stolovi, stolice, čak i činovnik koji je zavijao časopis u mrk papir i pisao adrese gustim crnim mastilom, kao i jedan potrčko, koji je čučao i prao šolje i kašike u kofi vode koja je videla mnoga pranja. Ova kancelarija širila se, izgleda, na balkon od kovanog gvožđa, gde su fascikle i svežnjevi časopisa bili naslagani visoko uz ogradu stepeništa. Zavese od bambusovine visile su na konopcima s krovnih greda, i bile su spuštene i pričvršćene za ogradu stepeništa, da ih ne bi oduvali na ulicu prašnjavi naleti martovskog vetra, no, i pored svega, bilo je mnogo otpadaka koji su se vrteli u kovitlacima vetra.

    Deven nije mogao a da ne zuri otvorenih usta u ceo taj aranžman. To nikako nije bilo ono što je on zamišljao – i ni na koga ovaj prizor ne bi mogao ostaviti utisak – ipak, sama činjenica da on postoji činila se kao čudo, i on je stajao, tražeći u sebi zahvalnost za tu činjenicu, izvan sukoba, razočaranja i zaprepašćenja.

    Murat je tapšao po ramenu nekog bradatog starca, dok se saginjao nad roto-papirom, osmehujući se ponosno na Devena, „Ovo je moj vlasnik, moj zaštitnik, moj učitelj – g. V. K. Sahej, sin K. K. Saheja, osnivača najbolje Urdu štamparije u Delhiju. Kad sam rekao da hoću da izdajem Urdu časopis visokog nivoa, ponudio mi je deo svojih prostorija. Bio je veoma impresioniran, zar ne, V. K.- sahibe?" Starac se promeškolji i blago nasmeši, nameštajući naočare na ispupčenju nosa nervoznim pokretom mastilom umazanih prstiju. „Ne sećam se da je tako bilo, Murate-baj", promrmlja. „Zar nisi ti".

„Naravno, on mi još nije dao mesto za lampu i ventilator", brzo ga prekide Murat, „i čini mi se da me sve više gura na balkon, sad kad dobija sve više narudžbina i postaje uspešan" – Sad štampar njega prekide, „to su udžbenici škola vlade Utar Pradeša, Murate-baj, veoma velika porudžbina, i moraju biti gotovi pre no što počne novi semestar. Kad to bude gotovo, imaćeš više prostora."

„To govoriš već šest meseci." Murat mu još jednom steže ramena, a onda ga pusti. „Devene, da vidim sad šta mogu učiniti za tebe. Ovi pisci, ovi saradnici", dobaci preko ramena starcu", nikad ne ostavljaju urednika na miru, i čovek mora da se brine o njima, zar ne?"

Deven je sedeo zbunjeno na drvenoj stolici u senci i posmatrao kako Murat prelazi iz jednog čina u drugi, kao neki kameleon koji prikazuje svoju bravuroznu predstavu. Uzimajući u obzir punu skalu njegovih ćudi i promena raspoloženja, njegove protivrečnosti, pitao se zašto mu je poverovao na reč, shvatio ga dovoljno ozbiljno, da uzme jedan svoj slobodan dan da bi uhvatio autobus za Delhi i pustio da ga pravi budalom u prisustvu nikog drugog do najvećeg živog pesnika u Delhiju, njegovog heroja još od detinjstva. Treba li da mu se obrati s preporukom jednog tako bezvrednog posrednika kakav je Murat? Nije li to vrsta svetogrđa života njegove mašte, njegovog duha?

Murat se nagao nad pisaći sto, pišući pismo na velikom listu papira, s mnogo razmahivanja, svestan da je posmatran, proučavan. Najzad ga predade i dade uputstvo malom potrčku da mu pokaže put, a Devenu namignu, kao da priznaje da zbija šalu. No, on odmah pokri oko krajem prljave zelene maramice, a Deven pozelene od zebnje.

Stajao je, razmišljajući, pitajući se treba li da ide, ali, kad ga Murat pogleda ispitivački, on samo promrmlja: „Ostaviću ovo ovde – uzeću ga kasnije", i spusti kutiju s ručkom na stolicu s koje je ustao, zatim izađe, držeći samo omotač od novina.

GLAVA TREĆA

Da nije bilo boje i buke, Čandni čok bi mogao biti bazar koji se sreće u noćnim morama. Bio je kao lavirint iz kojeg nije mogao da izađe, u kojem je lutao između oguljenih i isprljanih zidova zgrada nadleštava, pretrpanih tezgi radnji i dućančića, pitajući se da li je mangup poslan da ga provede kroz sve to samo zloćudni đavolčić koji ga vodi u njegovo nestajanje u ovom smrdljivom srcu bazara. Vrućina i gužva pritiskale su odozdo i sa svih strana, čvrste i zagušljive kao san.

Sa preciznošću svoje zlobe, dečak predloži „hladno piće" kod jednog dućana, gde su otrovno zeleni i crveni šerbeti u flašama i sokovi od limuna i mrkve u zemljanim ćupovima bili u velikoj potražnji.

Deven odmahnu glavom prezrivo, i oni nastaviše da idu sari sokakom, gde su grozni japanski najlonski sarii pokriveni hobotnicama i paucima cvetnih šara i mrežama zlatnog srebrnog veza sijali s vrata kao nakinđurene prostitutke, koje su se nudile prolaznicima, dok su neki tradicionalni svileni sarii bili savijeni i naslagani u ozbiljnim starinskim balama u dnu radnje. Dućandžije su gledale nemarno i nisu se dizale sa svojih jastuka, niti su prestajale da čačkaju nožne prste, da bi privukli njihovu pažnju – nisu bili vredni pažnje.

Skrenuše u sokake sa hranom, gde je u to vreme bio običaj da se dopusti muvama sakupljanje na kristalizovanim piramidama voća, i u mleku, koje se pušilo i vrilo u dremljivim loncima.

Prođoše pored smrdljivih i sumnjivih radnji, u kojima su lekovite trave i lekove zavijali u papirne pakete ljudi suviše očiglednog izgleda nadrilekara, prođoše pored dućančića u kojima su astrolozi i čitači dlana i gatari rasprostrli egzotična oruđa svog zanata – uredno ilustrovane zapise, majna ptice u kavezima, rođendansko kamenje i drago kamenje u otvorenim kutijama – i tezge na pločniku, gde su bile nagomilane marame, maramice i donje rublje od uštirkanog pamuka, ili debele čaše i gleđosani tanjiri nabacani jedni na druge, u nesigurnoj ravnoteži, i izašli u krug oivičen kujundžijskim i juvelirskim radnjama.

Tu Deven zastade u očajanju. Znao je da ne može biti blizu pesnikovog stana u ovom prenatrpanom saću trgovine. Raširivši ruke, reče dečaku: „Mora da smo se izgubili. Ovo nije pravo mesto. Ne vredi ići dalje. Ja ne idem dalje." Od očajanja mu je bubnjalo u ušima, tako da nije čuo pomamno zvonjenje bicikla i umalo nije bio pregažen bicikl-rikšom, teško natovarenom paketima, koja je išla na železničku stanicu. Vozač u crvenoj kapi, okretan kao majmun, uspeo je da skrene na vreme, i prešao je samo preko Devenovog stopala, ali njegovi paketi skliznuše sa klizavog sedišta i rasuše se po ulici. Deven je bio toliko ošamućen ovim jedva izbegnutim udesom i bilo mu je potrebno izvesno vreme da shvati da su njega optuživali za izazivanje istog, i grdili ga gadno i glasno. Dečak je pomagao vozaču rikše da sakupi pakete, ali kad se Deven sagao da pomogne, bio je odbačen u stranu udarcem u lakat i nateran da produži put. Bez daha, oni požuriše niz uzan sokak, gde nije bilo ničeg sem slivnika, a izgleda da je služio kao nužnik za ceo kraj. Visoki zeleni zidovi koji su bacali sokak u duboku senku pripadali su bolnici za *ajurvedsku* medicinu, bila je sumorna kao zatvor.

Deven požuri, hramljući, da bi što pre došao do kraja, ne udišući nezdrav vazduh. Dečak je išao za njim, dahćući. „Šolju čaja? Ovde je čajdžinica, sahibe, popij bar šolju čaja." „Ne, ne čekaj", prosikta Deven na njega. „Hoću da stignem do kuće sahiba-Nura u tri sata. Gde je to? Znaš li ti gde je to, ili ne znaš?"

„Vrlo je daleko", reče dečak, zureći uporno u njega i stojeći dugo ispred čajdžinice, u čijem su čađavom dovratku visili paketi čaja i korpe s jajima – pozivajući. „Biće bolje da prvo popijemo čaj i malo se odmorimo."

„Nema ni odmora ni čaja", podviknu mu Deven, saže se i iskezi zube dečaku u lice.

Dečak sleže ramenima, ali mu se izraz lica ne promeni. Prešavši preko slivnika punog vode, odgurnuvši u stranu velikog debelog bika koji je mirno žvakao papirne kese iz otvorenog, prevrnutog kontejnera iz kojeg se prosipala njegova sadržina u slivnik koji se bio zapušio i počeo da plavi, on skrete u drugi sokak. Na jednoj strani sokaka pružao se veliki zid sumorne zelene bolnice, a na drugoj, niz malih, čvrsto zatvorenih drvenih vrata, utisnutih u ravne, izbledele zidove. Nije bilo nikakvih oznaka ni na jednim, ali dečak priđe jednim vratima i dlanom poče da lupa dok se najzad, posle duge pauze, otvoriše.

Deven tad shvati da to nije poznata noćna mora, jer, da jeste, vrata bi ostala zatvorena.

Pre no što je mogao da utvrdi ko je otvorio vrata i sad stajao iza njih, začu jak, rapav i grub glas kako bubnja visoko iznad njihovih glava. „Ko to remeti san starca u ovom popodnevnom času određenom za odmor? To može biti samo velika budala. Budalo, jesi li budala?"

I Deven, osetivši kako se neka zategnuta opna uzdržljivosti rascepi u njemu, i osetivši navalu i širenje radosti što je čuo glas i reči koje su mogle pripadati samo onom superiornom biću, pesniku, otpeva: „Gospodine, jesam, jesam."

Nastade pauza, a onda šaputanje, zaprepašćenje i užas zbog tog priznanja. U tom tihom predahu čuli se golubovi kako guguću i mašu krilima, kao neko upozorenje.

„Hoću li da ga pustim da uđe?" upita otvarač vrata, još uvek sakriven iza njih. Bio je to ženski glas, visok i drhtav od ljutnje.

„Uvedi ga", prostenja pesnik sa gornjeg sprata zgrade koja se uzdizala u slojevima oko malog unutrašnjeg dvorišta gde je curila česma, ležao slomljeni bicikl i spavala jedna mačka.

„Sanjao sam o budalama", glas odozgo nastavi da mumla. „Okružen sam budalama. Budale će me pratiti, progoniti, pronaći me i uhvatiti, tako da ću im se na kraju pridružiti. Dovedi ga ovamo, dovedi ga ovamo", i Deven opet oseti toplu, vlažnu plimu ushićenja kako se diže i raste u njemu, što je bio priznat, prozvan i pozvan u prisustvo čoveka-heroja. Na prstima, podrhtavajući, uđe u kuću preko velikog praga, zatim zastade, setivši se dečaka koji ga je doveo ovamo, i potrebe da ga otpusti. On svakako treba da bude nagrađen zbog svog udela u onom što se slavno završilo kao uspešan poduhvat. Lice mi zasja, nasmeši se na dečaka i gurnu mu u ruke savijene novine sa blaženom odsutnošću, zatim se vrati u kuću i radosno posluša mahanje kanom obojene ruke iza vrata, i poče da trči uz drveno stepenište s kojeg se dizala prašina pri svakom koraku.

Bilo je to za njega kao da se Bog sagao preko oblaka i pozvao ga da se popne, a anđeli ga nose gore, preko ovih drvenih ispucalih stepenica, da se sastane s božanstvom: i tako se ushićeno, stidljivo i zahvalno, penjao. Svakako je to bio poziv koji je čekao svih ovih praznih godina, samo, on nije znao da će to imati ovakav oblik. U svojoj smrtnoj kratkovidosti i gluposti, on je očekivao da dođe od Sarle kad se njom oženio, ili od šefa katedre u njegovom koledžu, koji jedini može da unapredi, unazadi i promeni njegov položaj u životu, ili čak od Murata, koji ipak živi u metropoli i izdaje časopis. Poezija koju je čitao i pamtio ležala je ispod svih tih vidljivih vrhova njegovog potopljenog života, i on je o tome mislio više kao o izvoru utehe nego kao o obećanju spasa. Nikad nije zamišljao poziv izražen glasom tako lavovskim, sjajnim i tako zapovedničkim, glasom koji može da ga ščepa za kosu i podigne ga s nivoa na kojem je postojao – bednog, neurednog i beznadnog – u drugu, višu sferu. Biće to svakako drukčije carstvo ako ovaj bog tu stanuje, područje poezije, lepote i iluminacije. Penjao se stepeništem kao da svlači i odbacuje bedu i šljaku svog bivšeg postojanja i čvrsto se približava novoj, čudesno prosvetljenoj eri.

Mada nije bilo anđela da pevaju „Aleluja!", golubovi su glasno gukali, uznemireni, i čulo se kako starac mrmlja s nevericom: „Budala kaže da je budala!" i Deven shvati to kao dovoljan poziv da uđe. Soba u kojoj je pesnik ležao, odmarajući se, nalik na veliki jastuk na ravnom, niskom, drvenom divanu, bila je u polumraku. Ne samo što su zavese od bambusovine na svim vratima bile spuštene da zaštite poslednji sprat zgrade od sunca koje je žestoko peklo, nego su i zidovi bili obloženi zelenim pločicama, što je povećavalo tamu. Malo nameštaja – fotelja sa izduženim naslonima kao da je bila projektovana za neku raniju, veću vrstu ljudi, mali sto s pomičnim nogama pretrpan veoma pohabanim knjigama, pomičan orman za knjige s još knjiga, nekoliko tvrdih jastuka i jastučića razbacanih po pamučnim prostirkama na podu, bili su kao predmeti izrezani od ove pomrčine, teški i opipljivi od sumora.

Usred ovih senki, pesnikova figura predstavljala je iznenađujući kontrast, jer je on bio obučen potpuno u belo. Njegova bela brada bila je raširena po grudima, njegovi dugi beli prsti ležali su preko nje. Nije se micao i činilo se kao da je od mermera. Njegovo telo imalo je gustinu i kompaktnost kamena. Bilo je veliko i teško, ne zbog debljine ili težine, nego zbog starosti i iskustva. Pogubnost i pustošenje starosti nije još bilo počelo. Još uvek je bio u trenutku potpunosti, potpuno ceo. To mu je davalo moć i dostojanstvo da može šapatom reći nametljivom tuđincu: „Ko ti je dao dozvolu da me uznemiravaš?"

„Gospodine", promrmlja Deven, nespretno pipajući džep, tražeći Muratovo pismo, imam ovde pismo" –

„Zar to nije moglo da pričeka?" uzdahnu starac slabim glasom. Tone li on ponovo u san? Postoji doba života kad razlika između spavanja i buđenja postaje veoma mala i stalno se može lako prekoračivati.

„Gospodine, došao sam u Delhi samo na jedan dan. Moram da se vratim u moj koledž u Mirporu", promuca

Deven. „Imam pismo od Murat-baja – urednika *Avaza*" –

„Zar ne vidiš da je suviše mračno da to pročitam? Ne znam gde su mi naočare. Pročitaj mi ga. Sad kad si mi pokvario spavanje, možeš bar da mi ga pročitaš."

Deven razvi pismo, pokušavajući da ublaži glasno pucketanje listova papira, a zatim pokuša da čita glasno i tečno Muratovo kitnjasto napisano pismo-preporuku. Uznemirilo ga je što je morao da čita laskava imena kojima ga je Murat nazivao, baš kao što se osećao nelagodno zbog kmečećeg i molećivog tona njegovog zahteva za intervju. Pesniku takve božanske veličine trebalo je predati molitvu ili peticiju, a ne laskanje i podmićivanje.

To natera starca na krevetu da se napući i da kroz bradu pušta zvukove kao da pljuje. On ispruži tanke, fine prste, blede i posute mrkim pegama starosti, kao riblja koža, i mahnu njima prezrivo. „Taj lakrdijaš – trebalo je da oboji lice, natakne lažan nos i nastupa u putujućem cirkusu", reče podrugljivo. „Pripadaš li ti tom cirkusu?"

„Ne, ne, gospodine", bunio se Deven, još uvek stojeći nagnut nad pismom u ruci, koje nije pročitao do kraja. „Ja ponekad – on ponekad – traži od mene da sarađujem u časopisu. Tražio je od mene da vas intervjuišem za specijalni broj o Urdu poeziji. Gospodine, to je za mene velika čast, velika privilegija. Mislim, ako mi dopustite" – dodade brzo, zabrinut, da li treba da kaže pesniku o monografiji koju je napisao i koja još uvek čeka na objavljivanje. Ili će pesnik to smatrati više kao drskost nego laskavost. Oklevao je.

Kuća je bila veoma mirna, čudovišno tiha. Veliki zidovi bolnice štitili su je od buke bazara, mislio je Deven. Sve što je mogao čuti bili su golubovi koji su se žalili jedni drugima i tešili se na prašnjavim ispustima visokih svetlarnika, i zvuk pesnikovog teškog disanja koje je u grlu gušio starački šlajm.

„O Urdu poeziji?" uzdahnu najzad, okrenuvši se malo nastranu, prema Devenu, mada se u stvari nije obraćao nikome, samo se, izgleda, okrenuo u tom pravcu. „Kako može biti Urdu poezije kad nema Urdu jezika? On je mrtav, gotovo je s njim. Pobeda Britanaca nad Mogulima stavila mu je omču oko vrata, a pobeda Indusa nad Britancima zategla ju je. Sad vidiš njegov leš kako ovde leži, čekajući da bude sahranjen." On potapka grudi jednim prstom.

„Nemojte, gospodine, molim vas, govoriti tako", reče Deven uzbuđeno, a znoj mu izbi na gornjoj usni, i ona zablista. „Nećemo nikad dopustiti da se to dogodi. Zato Murat izdaje svoj časopis. A štamparija u kojoj se štampa jeste za Urdu knjige. Svaki dan dobijaju velike porudžbine. A moj koledž, to je mali, privatni koledž izvan Delhija, ima katedru za Urdu" –

„Ti tamo predaješ?" Naborani očni kapak pomače se kao kod kornjače, a malo, brzo oko zvirnu u Devena kao u ukusnu muvu.

Deven se sav skupi, izvinjavajući se. „Ja predajem na – na katedri za Hindi. Diplomirao sam Hindi, jer" –

Ali pesnik nije slušao. Smejao se i, smejući se, pljuvao, jer se smejao nespretno i nevoljno. Šlajm je leteo. „Vidiš", zakrča on: „Šta sam ti rekao? Oni iz Kongresa postavili su Hindi jezik na vrh, kao gospodara. Ti si njegov rob. Možda i špijun, čak i ako to ne znaš, poslan na univerzitet da uništiš sve što je ostalo od Urdu jezika, da ga uloviš i ubiješ. I ti meni pričaš da želiš mene da intervjuišeš za Urdu časopis. Ako je tako, zašto predaješ Hindi?" fiksirajući Devena onim malim okom s kapkom kao u kornjače, koje je sad postalo smrtonosno – metak.

„Učio sam Urdu kao dečak u Laknau. Moj otac bio je učitelj, stručnjak i ljubitelj Urdu poezije. On me je naučio Urdu jezik. No, on je umro. Umro je, a moja mati me je dovela u Delhi, kod njenih rođaka. Poslali su me u najbližu školu, Hindi, srednju školu, gospodine." Deven je zamuckivao objašnjavajući. „Diplomirao sam

Hindi i sad sam privremeno predavač u Lala Ram Lal koledžu u Mirporu. Od toga se izdržavam. Znate, ja sam oženjem, porodičan čovek. No, još uvek se sećam lekcija na Urdu jeziku, kako me je otac podučavao, kako mi je čitao poeziju. Da nisam morao da zarađujem za život – ja bih" – Da li da mu kaže o svojim težnjama zapisanim na komadićima papira i skrivenim među listovima njegovih knjiga?

„O, zarađivanje za život", podrugnu se starac, dok se Deven vidljivo borio sa svojim snebivanjem. „Zarađivanje za život je na prvom mestu, je li tako? Zašto ne trguješ pirinčem ili uljem ako hoćeš da zaradiš za život?"

Slomljen, Deven opusti ramena. „Gospodine, ja sam samo nastavnik", mrmljao je: „i moram to činiti da bih izdržavao porodicu. Ali poezija, Urdu – to je ono što je čoveku potrebno. Potrebno je da im služim da bih pokazao svoju zahvalnost. Ne mogu im služiti kao vi" –

„Ne izgledaš podoban da ikome služiš, a kamoli Urdu muzi", odvrati starac, dok je ječao od ogorčenja. Ili je možda sad bio budniji. Zvučao je kao da se uspravio, mada je još uvek ležao. „Sedi", zapovedi. „Tamo, na stolicu." Prvo je primakni bliže meni, bliže, ovde, pored mene. Sad sedi. Čini se da si poslan ovamo da me mučiš, da mi pokažeš koliko je nisko Urdu pao. U redu, pokaži mi, da saznam najgore." Zaokruživao je slogove lapidarnim glasom, kao da ubeležava epitaf. „Ja sam spreman za patnju. Kroz patnju ću okajati svoje grehe." Prostenja: „Mnoge, mnoge grehe", i pomerao se na drvenom krevetu, kao da je u bolovima.

Na svoje zaprepašćenje, Deven ču sebe kako ponavlja poznate reči koje mu je otac recitovao dok je sedeo pored njega na prostirci, u uglu terase stare kuće. „*Kroz patnje okajaću svoje grehove.*" Ponovio je to dvaput, a zatim, kao da odmotava konopac za puštanje zmaja s kalema, koji je još uvek bio u njegovom pamćenju, on nastavi da recituje onu izvrsnu Nurovu pesmu, koju je njegov otac voleo da recituje, a on je još uvek čita, pompezno, kad god se osećao tužan ili nostalgičan i mislio na svog oca i svoje rano detinjstvo, i na sve što je izgubio. Dizala se iznad njega u gornje sfere, gde je poezija i lebdela iznad njihovih glava kao zmaj u vazduhu.

Mnogo grehova i mnogo patnje; to je obrazac koji je sudbina iscrtala na mojoj ploči, krvlju...

Glas mu je postajao stabilniji kad je uvideo da sećanje ne izneverava, nego se izliva, sigurno, i nosi ga na svojoj snažnoj struji. Mogao je da gotovo oseti glatku površinu očevih držalja za pisanje od trske, kojima se igrao dok je slušao, i osećao pomalo ustajali, ali ljudski i utešan, miris očevog crnog platnenog kaputa bez dugmadi i pocepanih džepova debelo iskrpljenih na uglovima. Nežan, gotovo ženski veseo ton oboji njegov glas od tih uspomena, i pesnik je slušao, zaokupljen, a zatim se pridruživao svojim napuklim glasom, kao da je zaboravio stihove i bio srećan što ga neko podseća.

Moje telo je samo pero od trske odsečeno vrhom sablje.
Nepotrebno i suvo dok se ne umoči u mastilo životne krvi.

On prekide, smešeći se prigušeno. „Tvoj izgovor je dobar. Veoma čist, čedan. Sećaš li se još?" I Deven, klateći se na stolici, recitovao je i recitovao, glasom koji je sve više zapevao. Dok je nastavljao da recituje, počelo je da ga savlađuje čudno osećanje da je on njegova mati koja se ljulja na petama dok pola recituje pola pevuši priču uveče, i da je figura u obliku belog jastuka pored njega – dete, njegovo dete, koje on uspavljuje. U tim trenucima razumeo je potpuno kako je to biti mati, žena. Nikad ranije nije osetio takvu intimnost, takvu intenzivnu bliskost kakva je postojala u toj mračnoj i senovitoj sobi, gde se njegov glas mešao s golubijim, da umiri pred sobom uspavanu figuru koja je slušala. Takođe je bio svestan da je rasla kap tuge koja se podigla i kapala kroz njega, vlažeći, da ovaj trenutak savršenog osećanja bez mana i bez straha, ne može trajati, mora se prekinuti i rasuti.

Kad zavesu na vratima razmaknu dečak u prugastoj pidžami i prsluku, i unese šolju čaja, ta čudesna intimnost naglo se prekide. Neće se više nikad uspostaviti. Nur ljutito posla dečaka da donese čaj za gosta, no, počeše da ulaze drugi ljudi, koji su verovatno bili u zgradi sve to vreme, spavali ili traćili vreme, i unošenje čaja shvatili kao signal da se uspnu uz stepenište i uđu u sobu, ispunivši je galamom. Deven bespomoćno pogleda figuru na krevetu, zažalivši što s njim nije razgovarao o predloženom intervjuu. Sad su drugi zahtevali njegovu pažnju, dok je neko ćušnuo metalnu šolju vrelog čaja u Devenovu šaku. On je zamalo ne ispusti od muke, zatim se pribra i uhvati je otečenim prstima, dok je čekao priliku da opet razgovara s Nurom.

Bilo je malo izgleda da se to dogodi, jer je dečak-služinče hteo da zna šta Nur želi da večera, da li jelo treba pripremiti kod kuće, ili da se poruči iz bazara. Dečak, suviše mlad da bi bio Nurov sin, pomisli Deven, i pitao se da nije Nurov unuk, lutao je okolo, kamčeći mrzovoljno novac, a kad ga je dobio, baci ga na pod i zaplaka. Zatim su neke mlade devojke ušle, podigle uplakanog dečaka, odnele, i očigledno bile iznenađene što vide sobu punu muškaraca, jer su brzo pokrile glave, žurno se udaljile, gunđajući zbog ove navale. Nekoliko mladih klipana izjavilo je da su čekali u prizemlju da budu pozvani. Kartali su se i svaki je tvrdio da je izgubio novac, da im gubitke nadoknadi njihov domaćin, pošto je on za njih odgovoran. Devena je skandalizovala njihova drskost, no pesnik se nije na to obazirao. Smejući se, izgrdio ih je zbog raskalašnog ponašanja i zapretio im da će ih izbaciti iz svoje kuće, koja je, tvrdio je, hram porodičnosti, što mogu da vide.

„Otkad je to Nur postao stanovnik takvog hrama?" izazivao je neki čovek boginjava lica i ne baš mlad. „Mi smo se upoznali u hramu drukčije vrste. Zar si zaboravio?"

Deven pocrveni. Nije bilo moguće pogrešno razumeti njihove insinuacije, postajale su bučnije i skarednije svakog trenutka. Bila je to vrsta razgovora kakav je Deven slušao u velikim količinama u koledžu i okolini, i kad je sam bio student, no nije bio navikao da to čuje u prisustvu starca, koga je, na osnovu svog vaspitanja, smatrao skoro svetim. Česta upotreba reči hram činila je to još besramnijim. Kad više nije mogao to da izdrži, ustao je da ode. Taj pokret privukao je Nurovu pažnju i on podiže ruku, a od Devena zatraži da mu pomogne da izađe na terasu: „da pobegnem od ovih đavola iz kockarskih jazbina i pivnica moje prošlosti." Deven priđe spremno da mu pomogne, no pesnik, pošto je stavio ruku na Devenovo rame, naljuti se kad je postalo jasno da Deven ne zna proceduru, rutinu, i nije poneo bitna pomagala za njegovu udobnost, kao što je klupica za noge i njegov omiljeni jastuk, pa je dečak-služinče poslat da ih donese. A Deven se osećao nedoraslim. Kad se dečak pojavio, još zlovoljniji nego ranije, Deven pokuša da mu pomogne da pokupi sve neophodne jastuke i jastučiće, i iznese na terasu, ali vide da ga ili ignorišu ili guraju da ne smeta. Pitao se da li je uopšte potreban.

Zatim njegova zbunjenost i ozleđenost vrtoglavo porastoše zbog nekoliko pesnikovih reči, koje izruči iz dubine svog bića, kao da su žuč koja se tu sakupila. „Čekaj dok dođeš u moje godine", ispljunu. „Ti, ti mladiću bez kose. Čekaj dok ne iskusiš patnje koje mene muče. Svakodnevno sedim na njima – ne na mojoj kruni, nego na prestolu od trnja. To su, moj prijatelju, te gomile – bol, patnja", on gotovo zaplaka, stojeći u sred sobe, kršeći ruke dok je čekao da ga izvedu.

Deven obesi glavu, spusti se na kolena pored kreveta, prelazeći prstima preko pesnikovih patika i pokušavajući da ne sluša pesnikove psovke, pitajući se šta bi mogao da ponudi.

Kad je ustao, video je da je dečak izveo Nura, zavesa u vratima bila je podignuta, a popodnevna svetlost bila je tamo, čvrsta kao okno bleštavog stakla. Požurio je napolje za njima i video da pesnik ne može da nastavi dalje – jato golubova sručilo se iz bakarnog neba i preprečilo mu put razmahanim krilima i telima koja su se oštro borila. Stajao je tamo usred njihove pomame – škriljac, čokolada i sneg. A ptice, ne samo što su se komešale oko njega, nego su se spuštale i nasađivale na njegovu ćelavu glavu i ruke, besno grebući kukastim kandžama, sirovim i ružičastim, i proždrljivim kljunovima, kao da hoće da mu otkinu meso s kostiju i prožderu ako ne bude imao ništa drugo da im pruži. Njihova gramzivost bila je monstruozna, obložili su ga svojom proždrljivošću.

Deven, spotičući se, pođe da ga izbavi, ali pesnik nije hteo da bude izbavljen. Samo je slabašno doviknuo služinčetu da im da zrnevlje, i Devenu laknu kad vide da su odlepile svoje kljunove od njegovog mesa i nagrnule za dečakom i njegovom limenom konzervom sa zrnevljem, koje je zavitlao kroz vazduh i rasuo po terasi.

Deven sačeka da se udalje, zatim pritrča Nuru i zabrinuto ga zapita: „Gospodine, da li su vas povredile?"

Pesnik je stajao mirno toliko dugo, još uvek pomalo drhteći od napada, da Deven pomisli kako on zuri u prizor golubije pomamne gozbe, no, malo zatim, on polako okrete glavu prema Devenu i čudno ga pogleda očima prevučenim kataraktom. „Ko bi pomislio", promuca suvih usana: „da će jednog dana ptica, simbol leta i pesme, prestati da bude pesnikova inspiracija i postati pretnja?"

Reči su bile izgovorene toliko polako i s takvom preciznošću da ih je Deven mogao videti ugravirane kao elegantni hijeroglifi na bakarnoj ploči delhijskog neba. Stajao je otvorenih usta, pitajući se kako da uteši pesnika zbog neumoljivog prolaženja vremena, ali, kad je progovorio, samo je promucao: „Gospodine, hoćete li, molim vas, dopustiti da vas intervjuišem za Muratov časopis?" a zatim je stajao, zapanjen svojom nespretnošću.

Međutim, starac ne odgovori. On se iznenada otisnu jednim od onih čudnih, krivonogih pokreta krutih zglobova, ali brzih i strmoglavih, za koje su nekad stare osobe sposobne, i, stigavši do ivice kauča koji je već bio pripremljen za njega, sede trljajući kolena, a izraz lica bio mu je kao da ozbiljno razmišlja o odgovoru. No, pre no što je uspeo da odgovori, jedan patuljak od čoveka sede, divlje kose zavezane maramom, koji se gegao terasom, priđe mu, smejuljeći se. Pesnik ga ugleda, zastenja u znak protesta, no starac se samo kikotao, lako ga gurnuo na kauč i počeo da ga masira, udarajući i gnječeći ga, od čega se pesnik gušio i teško disao. Patuljak se sve vreme smejao, pevao odlomke neke pesme i neprestano govorio toliko da Deven nije mogao ništa učiniti no da ćutke stoji po strani, čekajući da se završi ovaj čin pesnikove rutine. Golubovi kao da su prihvatili kraj svoje rutine i užurbano su se smeštali na ispuste, u drvene sanduke, u košare i na bambusove motke, podvlačeći noge pod krila, a kljunove u perje, kao da povlače svoje oružje u primirju, pomerajući se i gunđajući, dok ih mrak ne pokri i smiri za tu noć. Deven, slušajući, zaključi da je patuljak profesionalni maser koga je Nur poznavao kada je bio atleta, i koji je još uvek opsluživao veliku zajednicu rvača i atletličara, očigledno Nurovih poznanika, jer su ih ogovarali, govoreći o takmičenjima koja su dobili ili izgubili, i o njihovoj sreći i fizičkoj kondiciji. Između uzvika bola i zadovoljstva, Nur je rekao dovoljno da je skeptičnom Devenu bilo jasno kako je on, u svakom slučaju, bio poznavalac sporta i bio dobro obavešten u *akadama* na obalama Džamne.

„No, Bim Sing, najveći od svih njih, *on* je gotov, *njegova* karijera je prošla", objavi patuljak, sedajući na pete i spuštajući rukave da pokaže kako je masaža završena.

„On ne može nikad biti gotov", bunio se Nur. „Opipao sam njegove mišiće – oni su kao stena, kao kamenčuge."

„Jeste, ali bombajski film je dokrajčio ono što parni valjak nije mogao. Ponudili su mu ugovor da igra u filmu o šampionu, i on ga je, budala, potpisao", uzviknu patuljak, uze svoju torbu s bocama i konzervama ulja i losiona, i odgega, dok je Nur i dalje kukuveljao: „Budala, budala... "

Odmah zatim pojavi se dečak-služinče, kao da ga je neko pozvao, i pomože da ustane s niskog kreveta, onda ga odvede u kuću da se okupa. Činilo se da je pesnikov život bio ispunjen poslom kao jedna cela bolnica. Pitajući se da li ima ikakvog smisla da još čeka, Deven se spusti na tepih, prostrt na terasi, u pravom očajanju. Niko nije obraćao pažnju na njega, mada je sve više i više ljudi izlazilo iz sobe, pelo se uz stepenice, širilo po terasi i ispunjavalo prostor, kao da je to javni park ili šetalište gde imaju običaj da dolaze u ovo vreme kad se vrelo nebo prekriva mrljama gradske čađi i postaje sivo, zatim slezove boje i najzad se pretvara u nelagodnu, nemirnu tamu. Nije moglo postati potpuno mračno, jer tad su se radnje, bioskopi, restorani i ulice osvetljavali bazare za noć, i nebo se mestimično bojilo crvenim, narandžastim, žutim i ljubičastim, kao stara žena koja na vašaru suludo igra igru od sedam velova. Galama sa ulice i od saobraćaja takođe se pojačala, i, kroz upornu tutnjavu, namotavale su se i odmotavale dugačke, čelične omče pesama koje su treštale iz bioskopa na kraju ulice. Krov, u stvari, nije mogao da sačuva čoveka od ulične buke, kao da su svi bili u nekom balonu, plovili iznad, no ostajali zatvoreni.

Deven je sedeo na prostiraču prekrštenih nogu, smrvljen velikom galamom, svetlošću i ljudima, pokušavajući da bude nenametljiv, i u tome je uspevao bez ikakvog napora. Nelagodno se osećao što je toliko kasno, i zbog atmosfere neprestane budnosti, pa ipak, nije mu se odlazilo, dok još jednom ne vidi Nura i još jednom ne uloži iskren i pozitivan napor da ugovori intervju. Nije mogao da upropasti dan i vrati se u Mirpor ne postigavši bar toliko. Niti je mogao da se opet suoči s Muratom, a da se ne pokaže sposobnim da bar pokuša. No, njegove nade da dođe do dijaloga usred ovog cirkusa i njemu se učiniše potpuno groteskne.

Nur se najzad pojavi, sveže okupan. Izgledao je zaista kao pesnik, u istoj, uštirkanoj, komotnoj odeći od belog muslina, koja je slobodno lepršala, no bio je pozdravljen ushićenim povicima dobrodošlice, polupodsmešljivim, poluzadivljenim, a njegovo vreme i pažnju potpuno su monopolisali njegovi večernji posetioci, koji su se svi osećali mnogo lagodnije, neusiljeni i sposobniji od Devena da privuku njegovu pažnju. Ostao je po strani, gladan i usamljen, dok su ostali dohvatali čaše i pili, nazdravljali jedni drugima, recitovali poeziju, počinjali da pevaju i učestvovali u skarednim duhovitostima. Devenu bi jasno da su ovi klipani, ove *lafange* sveta bazara – dućandžije, činovnici, bukmejkeri i nezaposleni paraziti – iživljavali svoje fantazije da su pesnici, umetnici i boemi, ovde na Nurovoj terasi, u Nurovom društvu. Neki su možda napisali tekstove pesama koje su treštale bez kraja iz bioskopa ili pesmice za radio. Neki su možda imali male uloge u lokalnom pozorištu, za vreme festivala. A govorili su kao da pripadaju svetu grozničave aktivnosti na ivicama umetnosti i stvaralaštva. To nije iznenadilo Devena. To je tačno bio krug koji je dobro poznavao kao student, no, iznenađivalo ga je što je veliki pesnik Nur u centru toga, kao spokojna bela *tika* na čelu ludaka. Deven nije očekivao da ga tu nađe. Zamišljao je da on živi ili okružen starim, mudrim, dostojanstvenim literatima, ili potpuno sam, u božanstvenoj izolaciji. Šta su ovi klovnovi, drznici i žongleri imali s njim, ili on s njima?

Da li je on sve to odobravao? pitao se Deven. Bilo je nemoguće to odgonetnuti, jer, starac je ili ležao oslonjen na jastuke na kauču, stenjući, ili se uspravljao da pije iz čaše, koju mu je pridržavao dečak-služinče. Zatim bi se presavijao, saginjao glavu gotovo do kolena, i opet stenjao. Deven pomisli, mora da je bolestan, ili u bolovima, ili teško umoran, a ipak je stalno pružao ispražnjenu čašu da se ponovo napuni, a kasnije, kad je nekoliko mladića u prljavim pidžamama, pocepanim prslucima i s kelnerskim salvetama preko ramena unelo služavnike s hranom, on, razbuđen i svetlih očiju, zahtevao je da pregleda sva jela pre no što su poslužena, a onda je jeo, prema Devenovom mišljenju, nepametne količine veoma bogate i masne hrane, porcije birjanija, veoma ljute ćevape, kormu, ćufte i dal.

Nur pri jelu nije nikako bio dostojanstven i upečatljiv prizor. Gurao je ruke u hranu, spuštao lice do hrane, prinosio pune šake ustima, odakle je ona kapala ili curila na njegovo krilo. Mali dečak, koji je klečao pored njega, poslovao je, upotrebljavući peškir i nekoliko salveta, ali, čini se, da nije uspevao da ga održi u pristojnom stanju. Deven pokuša da okrene glavu i da se usredredi na tanjir hrane, koji mu je neko grubo ćušnuo, što je on zahvalno prihvatio, shvativši da nije ništa jeo posle onog čaja ujutru, na autobuskoj stanici, i bio gladan gotovo do suza. Dok je jeo, bio je svestan da je to potpuno pogrešna vrsta hrane za njegov prilično nežan stomak, i da će to zažaliti kroz nekoliko časova, ali Nur iznenada diže glavu, umrljanu zrnima pirinča i sosom, i doviknu mu: „Kako ti se, prijatelju, dopada kuhinja našeg Dame Mašdžida. Probali su je kraljevi i pesnici. Liči li uopšte na ono što dobijaš u restoranu svog koledža?" Deven je bio toliko zapanjen i toliko polaskan što se on ne samo setio njega, nego i njegovog skromnog porekla, pa je klimnuo glavom i jeo nesmotrenom brzinom, da pokaže koliko ceni tu milost.

Ali pesnikova pažnja je već odlutala – bilo je toliko mnogo drugih da je privuku, glasnijih i drskijih no što bi Deven mogao biti u svojim najsmelijim snovima. Pravo je čudo koliko je mnogo ljudi više želelo da recituje njemu sopstvene stihove no da sluša njega kako recituje svoje, primeti gorko Deven, dok su ostali, čini se, verovali da je njemu potreban klovn, da ga zabavlja, izvodi šale i gestikulira s prostačkom razuzdanošću. Zatim, bilo je onih koji su vatreno raspravljali, i tako tečno, kao da hoće da pokažu da su mnogo puta ranije ovako raspravljali, i Nur je uvek bio arbitar. Niko ne bi pomislio da bi jedan tako star i krhak čovek imao toliko energije da utroši na toliko mnogo ljudi i njihove zaokupljenosti i zahteve, pa ipak se činilo da je energija tu, mada Deven ranije to ne bi mogao da poveruje, kad je starac ležao na krevetu, u zamračenoj sobi, pospan i jedva sposoban da odgovara.

Možda krov njegove kuće hvata nešto od elektriciteta, koji kao da se diže iz grada, nešto od njegovih varnica koje lete iz ludo kružećih i bleštavih neonskih reklama koje osvetljavaju nebo, njegove kakofonske buke saobraćaja na ulicama, radnji u bazaru i muzike iz bioskopa koja sad dostiže zaglušujući vrhunac, gde se pesme, krici, pucnji, oklopni tenkovi, galopirajući konji i histeričan smeh i plač spajaju u neverovatan hor. Čini se da ga to uzbuđuje, tera ga da diže glas iznad toga i da se na neki način čak meša s tim.

Deven je sedeo, sumoran, leđima oslonjen na ogradu balkona, pitajući se kako iz svog ovog meteža pesnik izvlači konce i tka svoju poeziju ili filozofiju. Kad je obratio pažnju na njegov govor, otkrio je da je ipak bio o njegovoj poeziji.

„Kukavice – bebe", rugao se grupi mladića, koji su stajali nesigurno, čije su se čaše klatile i prosipale. „Vi recitujete stihove kao da su dečje pesmice koje je vaša mati sastavila. Kažem vam da moramo prevazići ovo savijanje Urdu stihova u male šećerne loptice za bebe da ih sisaju. Nama je potrebna lavlja rika ili eksplozija topa, da bismo mogli da navalimo na ove Hindusovce i nateramo ih u beg. Neka vide snagu Urdu", grmeo je. „Oni misle da je Urdu okovan i ukroćen u prašnjivim dvorištima onih groblja koja nazivaju univerzitetima, ali zar mi ne možemo da im pokažemo da on još uvek može da rikne ili zatutnji?"

U tom trenutku, neki mladić žutih zuba i crvenih očiju napravi neučtivu primedbu. Oni koji su je čuli, nasmejaše se. Nur kao da nije imao ništa protiv, već se složio: „U redu, to će biti neka vrsta napada na njihove noseve, u svakom slučaju. Da, neka Urdu izlazi iz svih otvora, sve dok ih ne otera. Učinite da se njegovo prisustvo oseća", grmeo je, spustivši naglo čašu na koleno, te se piće iz nje proli.

„Sahibe-Nur", reagova neki visok čovek, koji je klatio nogama, kao da je slabo privezan za krov, „sahibe-Nur, kažem vam, vreme poezije je prošlo. Hraniti Induse Urdu poezijom jeste kao hraniti krave crvenim mesom. Umesto toga, okrenite se novinarstvu. Direktno se obratite narodu. Mi imamo poruku za njih. Govorite im običnim jezikom. Upotrebite svoju moć za – napad i osvetu!"

„Ho, ho, baš lepo, baš lepo", izrugivao se neki mladić, sedeći prekrštenih nogu na prostirci. „On poziva na napad trideset godina pošto su mu kandže iščupane, a zubi otupljeni. Prijatelju, ti si smešan, prijatelju, smešan. Kako zamišljaš da napadneš? Kakvim oružjem – metaforom i aliteracijom? Ako ti treba oružje, bolje bi ti bilo da pređeš granicu i nađeš se u Pakistanu. Mi ovde živimo kao *hid re*, kao evnusi."

Deven je radoznalo posmatrao Nurovo lice. Nije mogao ništa da prozre iz tog namučenog, namrštenog izraza iza raščupane brade. Okrenuvši mrzovoljno glavu, režao je na dečaka-služinče: „Još birjanija", i Devenu se učini da je razgovor krenuo tokom koji se nije dopadao starcu, i da on ne želi da se nastavi.

No, pošto je pojeo još jednu porciju birjanija i popio još jednu čašu seoske rakije, Nur je ponovo energično učestvovao u razgovoru. Očigledno je to bio razgovor koji se ponavljao svake noći. Svak je govorio kao na znak, tečno, i nije bilo spontanosti, sve je bilo bajato. Postojao je indijski tabor i pakistanski tabor, isto persisjki tabor i narodski-Hindustani tabor. Oni su se svađali, izrugivali se, i gubili strpljenje, ali sve to kao da igraju određene uloge. Nije se videlo da neko nekog progoni, niti da neko nekog argumentima, ili ubeđiivanjem, pridobija za svoju stranu. Dijalog je bio bajat kao pirinač i sos na limenim služavnicima po celoj terasi. Nur je sedeo poguren, slušao i čačkao zube, povremeno pljujući u limenu pljuvaonicu ispod divana. Zatim, podižući čupavu glavu, tako da je izgledao strogo i granitno, on prekide brbljanje i reče: „Niste u pravu, niste u pravu, trideset godina niste u pravu. Nije reč o Pakistanu, Hindustanu, Hindi i Urdu. Nije čak reč ni o istoriji. O vremenu treba da govorite, a ne možete – pojam vremena je suviše ogroman za vas, to vidim, a to je ipak sve o čemu zaista znamo u našim srcima." On pritisnu šaku na grudi, i zavlada relativna tišina u kojoj je on mogao da govori. U toj tišini Devenovo srce jače zakuca. On oseti pobedu i trijumf što je Nur tako efektno zaustavio bučno brbljanje oko sebe i celu raspravu stavio u širi kontekst. U tome je video slavu pesnika – što oni mogu da se udalje od događaja i emocija, stave ih tamo gde kontekst omogućuje da se stvari sagledaju jasno i mirno. Shvatio je da poeziju voli, ne zato što stvari čini neposrednim, već zato što ih sklanja na mesto gde postaju podnošljive. To je činila Nurova poezija – stavljala je zastrašujuća i neobjašnjiva iskustva, kao što su vreme i smrt, u tačku u kojoj mogu biti viđena i proučavana u bezbednosti. Njegova radost što je to shvatio učini da mu srce u grudima snažno zakuca, te mu je bilo potrebno minut ili dva da se smiri i ponovo sluša Nura. Digavši pogled, on vide, uznemiren, da Nur pokazuje na njega, kao da je sve vreme bio svestan njega u onom mračnom uglu. „On je došao da govori za mene", reče Nur. „Kroz njegovo grlo poteći će moje reči. Slušaj, i reci mi da li moja poezija zaslužuje da živi, ili treba da ustupi mesto – onoj stočnoj hrani koju žvaću seljaci, Hindiju?" pljunu on na čoveka koji je omalovažavao njegov poziv.

Deven je reagovao s takvim izrazom užasa, da se oni koji su to primetili, nasmejaše. Oseti kao da je Nur primetio njegov detinjasti trenutak zadovoljstva i zlobno odlučio da ga uništi. Sva njegova radost, poštovanje i divljenje vezano za Nura, rasuše se, kao preko ograde, u noć. Nur ga je pozivao da se pridruži sukobu, puštajući da uzvišeni pojam vremena ponovo uđe u politiku oko jezika. Nije mogao da otvori usta, niti da izgovori ijednu reč. Znao je da nije trebalo da ostane i sluša ovakav razgovor, on, Indus i nastavnik Hindi jezika. Uvek se držao po strani političkog gledanja na jezike. Počeo je da se preznojava od straha.

„Šta je?" izrugivao se Nur, prodorno ga gledajući malim, zakrvavljenim očima. Zašto je izabrao da kinji Devena, jedinog koji je ćutao i nije izražavao nikakvo mišljenje? „Zaboravio si tvoj Urdu? Zaboravio moje stihove? Možda je bolje da se vratiš u svoj koledž i učiš studente pričama Prem Čanda, pesmama Panta i Nirale. Bezbedan, jednostavan Hindi jezik, bezbedne, udobne ideje o obožavanju krave i kaste i romansi o Krišni. To je tvoj predmet, je li tako, profesore?" On zabaci glavu i zakokodaka od smeha, no, ostali su ćutali. Prestadoše svi da govore, raspravljaju i smeju se, i okrenuše se da pogledaju Devena, s radoznalošću koju nisu ranije osećali. „Ja nisam pesnik, samo sam nastavnik", promrmlja Deven, ali ga niko ne ču.

Zatim ga neočekivano spase visoki čovek koji nije sedeo nego se klatio iznad njih, glave uokvirene neonskom reklamom „Bicikli, Najomiljeniji u Državi" ispisanom slovima zelenim kao jed. „Jeste li čuli Šri Gobindov najnoviji ciklus pesama?' viknuo je. „Pričaju u bazaru da će dobiti nagradu godine Sahitja Akademije za Hindi. Za Urdu možemo očekivati, naravno, uobičajenu presudu: „Ove godine, nijedna knjiga nije ocenjena kao vredna nagrade." „Zašto se tako postupa sa Urdu, prijatelji moji? Zato što se pretpostavlja da je Urdu umro 1947. godine. Šta vidite na univerzitetima – na *nekim* univerzitetima, na samo nekoliko – njegov je duh uvijen u mrtvački pokrov. A Hindi – oh, Hindi je zeleno polje koje buja, a ovo je njegov cvet", uzviknu, i, zabacivši glavu, odrecitova, neiskreno, ulizički:

Sunce, mesec, zvezde nebo,
Planete, oblaci, komete, ja,
Bog sve stvori i kao što stvori mene,
I zvezda moram biti ja.

Dok su se ostali smejali, Nur ga zakrvavljeno pogleda, izgovorivši: „Zar misliš da nemaju ništa bolje da recituju u bazarima Delhija? Kažem da ima boljih stvari za recitovanje na ulicama *mog* Delhija. Čak i onaj šlager iz *Šoleja* je bolji. Čekaj da čuješ kako moj sin to peva. Pozovi onog dečaka", iznenada naredi služinčetu, koje je sedelo na petama, dremuckajući. „Dovedi mi ga", viknu, gurnu dečaka i obori ga.

„On spava", pobuni se dečak ogorčeno.

„Nije važno šta sad radi. Mene zanima šta će on biti kad poraste. Sin pesnika mora postati pevač pesama. Idi i reci njegovoj majci da ga probudi i dovede ovamo – hoću da peva mojim prijateljima. Prijatelji, hoću da slušate dete kako peva pesmu iz filma, a ne da slušate ove – ove" – i mahnu nemoćno rukom u pravcu skupa oko sebe.

„Ne, sahibe-Nur, kako možeš to da kažeš? Jesi li ljut na mene što recitujem Šri Gobindove besmrtne stihove? U redu, neću više, baciću ih, sa svim ovim prljavim sudovima", reče visoki čovek, ovlaš šutnuvši gomilu limenih služavnika koji skliznuše preko terase, rasipajući pirinač, sos i limene kašike.

Neko podiže čašu iznad glave, govoreći: „Smrskaj sve to, smrskaj", i ispusti čašu, koja se razbi. Drugi ustade i prokrči sebi put do mesta gde je sedeo Nur, viknuvši: „Sahibe-Nur, ja ću ti pevati. Čuj moju pesmu koju sam napisao za *Azadi* – prokleti direktor ukrao ju je, i nije mi platio ni groša", i, umesto da peva, on poče da plače, izdižući ramena i trljajući oči. Smejući se, njegovi kompanjoni okupiše se oko njega, tapšući ga snažno po leđima, vičući: „Hajde, dajte mu groš, jadniku", i „Evo,

Bobi, evo dvadeset groša za tvoju pesmu. Sad pevaj."
„Da, pevaj", svi su se derali.

Deven, koji je sve posmatrao, snažno pritiskujući leđima zid, kao da se nadao da će zid popustiti i omogućiti mu da pobegne, vide kako se gomila pred njim razdvaja, a Nur se pojavljuje u pukotini, i odlazi, posrćući, a da niko to nije primetio. „Taj prokleti, glupi, neposlušni" – mrmljao je. „Sam ću otići i dovesti – dovesti" –

Ostali su se još uvek smejali, tapšali Bobija, i izgleda nisu ni primećivali da Nur nije među njima. Možda je ovo njegovo uobičajeno vreme odlaska. Pošto je gledao nekoliko trenutaka, da vidi kojim će pravcem starac otići, Deven poče da ga prati, instinktivno birajući pesnikovo društvo, bez obzira koliko je zastrašujuće, a ne ovog ološa. Dok je podizao zavesu od bambusovine u osvetljenim vratima i video kako se Nur išunja iz drugih vrata, čuo je glasove iz sobe:

„Ako nećeš da pevaš svoju, moraćeš da slušaš Gobindovu:

> Maslac, mleko, gruševina, topljeno maslo
> Slatkiši, piće, hrana za mene –
> Sve je to Bog stvorio, a stvorio je i mene,
> Svi su debeli, debeo sam i ja."

Spustivši zavesu na mesto, Deven požuri kroz praznu sobu, čudeći se kako je stari, bespomoćni čovek mogao da se kreće tako brzo. Kad bi ga samo stigao, možda bi ipak mogao da razgovara s njim o njegovoj poeziji, i o intervjuu. Očajan, pozva ga po imenu: „Sahibe-Nur", i istrča na terasu da ga potraži. Deven nije nikad potpuno poverovao u ono što se zatim zbilo. Toliko je bio zbunjen i slomljen, da nije znao šta ga je to slomilo, baš kao što žrtva saobraćajne nesreće vidi i čuje kako se okno razbija, ili metal savija, ali ne zna da kaže zbog čega – da li je to bio kamen, metak, ili vozilo. Istina je da on, u stvari, nikad nije želeo da se ikad u mislima vraća na taj prizor. Ako bi njegov duh nenamerno odlutao do tog prizora, odmah bi osetio katastrofu i skretao u bezbednije oblasti.

Sve što je hteo da prizna, čak samom sebi, jeste da je čuo dečji plač koji ga je vodio duž terase i niz stepenice, do donjeg sprata. Vrata su bila otvorena i vodila su na neosvetljene terase oko tihog dvorišta, gde je gorela samo jedna sijalica. Iz nekih vrata svetlost je dopirala kroz zavese od bambusovine. Ostala su bila pouzdano i neosetljivo mračna. Kroz neka se čulo šuškanje skrivenog života pokrivenog mrakom. Neka su se činila mrtva, zaspala ili prazna. Deven je, na prstima, prošao pored njih, vireći kroz naočare, dok mu je srce lupalo u grudima kao riba u zamci. Dete je cvilelo i cvilelo u jednoj od soba. Zatim neka žena poče da vrišti, histerično. Čuo se zvuk protesta, verovatno Nurov. Glas je, svakako, bio star i slab. Ženin glas se oštro dizao. Presečen je urlikom tako užasnim, da Deven potrča i otvori zatvorena vrata, siguran da će pesnika naći u lokvi krvi, s nožem u srcu, i njegovog sina kako plače pored leša.

S krikom pade preko tela na podu. Telo je ležalo lica okrenutog podu, ruku i nogu raširenih preko debelog dušeka prostrog po uglačanom betonskom podu. Zatim se začu još jedan urlik, ali nije dolazio od tela opruženog na podu, nego od prilike koja je stajala nad njim, malog, uzdrhtalog stvorenja u belom, uvijenog u srebrnasti šal, iz kojeg su ispale kovrdže sjajne, crne kose i igrale po čelu, belom kao kreda, a još beljim su ga činile oči oivičene crnim prahom i kao krv crvena usta. Deven se spusti na kolena, usta otvorenih od užasa pred ovom utvarom besa i osvete.

„Ustani!" vrisnula je. „*Ustani*! Idi da te Ali očisti. Kako možeš da se valjaš u takvoj prljavštini, u takvoj nečistoći? Vidi šta si učinio od moje sobe, u mojoj sobi – vidi!"

„Ne, ne", molio je Deven, no njegov glas bio je samo šapat, dok je pružao drhtave prste da pogladi velika leđa svog palog heroja, pokušavajući da otkrije život.

Spodoba na dušeku uzdiže se, a onda poče da se trese od jecaja koji su zvučali kao tiho skvičanje. Plače; živo je. „To je bol", plakao je – „bol u mom želucu, *džanum* – kunem se, bolestan sam, ovi moji čirevi" – „Čirevi? Pa zašto onda piješ? Zašto svake noći taj ološ u tvojoj sobi pije? Nisi zbog čireva povraćao na moj pod, već zbog *pića*." Drhtala je od besa, svirepa i pobesnela avet u belom i u srebru. Sagnuvši se, ona napola podiže palo telo s dušeka, trudeći se da ga izbaci iz svog uvređenog vidokruga, ali Deven sklopi ruke oko palog pesnika, pokušavajući da izlazak bude nežniji, manje nasilan, na šta se ona okrenu i vrisnu: „Ako hoćeš da mu budeš sluga, onda ga *ti* očisti, čuješ li me? Kažem ti, ostavi tu – tu jadnu zver na podu i očisti pod, kažem ti."

Spuštajući pesnika, Deven je pogleda bespomoćno.

„Šta je?" viknu ona. „Zar nećeš to da učiniš za svog – svog *heroja*? Svi što dolazite da ga posećujete i zavodite vašim obožavanjem heroja, da li vam je stalo do *njega* ili do hrane i pića koje vam plaća da biste dolazili" –

„Šta to govorite?" prosikta Deven, užasnut njenim perverznim tumačenjem večerinki na gornjem spratu. „Mi dolazimo da ukažemo poštovanje, poštovanje velikom čoveku, pesniku" –

„Kako? Kako" siktala je sad na njega, i on vide kako su joj crvene usne prekrivene pljuvačkom. „On je *bio* pesnik, intelektualac – ali da li je to sad? Pogledaj ga!" Ona dramatično upravi prst na Nura, šćućurenog na dušeku, koji je cvilio, savivši kolena do grudi, i ljuljao se levo-desno u agoniji. „Nazivaš li to ovo pesnikom, ili čak čovekom? Svi vi – vi njegovi *sledbenici* – vi ste ga doveli na ovo, terajući ga da jede i pije kao životinja, kao svinja, da se smeje vašim šalama, da peva vaše neotesane pesme u vreme kad bi trebalo da radi ili se odmara, da bi se pripremio za rad" –

Deven obori oči, i saže glavu u priznavanju te neosporne istine. Njegova pokornost kao da je razbesne i baci u još jedan paroksizam. Ode do polica gde su bile složene knjige i papiri, i poče da ih baca na njega, govoreći: „Vidi šta ste mu učinili. Vidi šta je on napravio od moje sobe? Zar treba to da trpim u mojoj sobi, u mojoj kući. Zar se on oženio mnome, da me natera da živim s njim u ovom svinjcu? Zar treba da živim kao svinja, sa svima vama?" Pri svakom pitanju, bacala je punu šaku papira na Devena, i, kad je bio zatrpan, izmičući glavu levo i desno da izbegne udarac, hvatala ga je vrtoglavica, bio je zbunjen i izbezumljen što je više papira padalo na njega, a ona ciknu: „Zar ne vidiš? To je *tamo!*" i pokaza na žutu baru onog što je on povratio u uglu sobe. Zurio je u to, i tek onda primeti dete koje je plakalo – malog debelog dečaka, koji je bacio novčiće što mu ih je pesnik dao, a sada je sedeo oslonjen o zid, nogu isturenih ispred sebe, pesnica na očima, jaučući od pospanosti i straha. Prateći pravac Devenovog pogleda, i ona vide dete, a onda se ustremi na njega, i uze ga u snažan zagrljaj: „Vidi čemu moje dete mora da prisustvuje – dubine u koju ste srozali njegovog oca – vi" –

„Ne, ne", bunio se Deven, i, da bi uklonio svaki znak pesnikovog poniženja, on zgrabi nekoliko šaka papira koji je ona bacila na njega, i, otpuzivši do one barice, poče da briše pod papirom, očajnički, zbog jecanja uplašenog deteta i pesnikovog povraćanja na drugom kraju sobe, kao i zbog ženinog besa koji je izbijao iz nje, kao da je ona gutač vatre usred predstave.

„Odnesi ovo odavde", naredila je, stojeći pored police za knjige, i držeći dete, kao da ga čuva od splačina. „Idi, donesi vode. Operi pod. Hoću da se pod očisti i uglača. Hoću da je moja soba, da je moja kuća, čista. Čuješ li? Misliš li da sam ušla u ovu kuću da se družim sa svinjama?"

„Ne, *džanum*, nisi", plakao je pesnik, između zvukova povraćanja koje ga je razdiralo. „Kažem ti – ovde me je bolelo – moji čirevi" –

„Ne obraćaj mi se!" histerično je vikala. „Nemoj da mi pričaš o čirevima. Sve je to od pića, od tvoje zabave, tvojih prijatelja, tvog inferiornog života" –
„On je bolestan", bunio se Deven, i šunjao se ka vratima, s prljavim papirima u ruci. „Molim vas, molim, on je bolestan i star, molim vas" –
„Bolestan? On je *budalast*, dovoljno budalast da provodi vreme s vama, da ima prijatelje kakav si ti, da ne obraća pažnju na svoju ženu i svoje dete" – Tu žena prestade da grdi visokim glasom, glas joj se prekide, a ona okrete lice, kao da hoće da sakrije trenutak slabosti. Deven iskoristi njenu trenutnu nepažnju kao mogućnost da se išunja iz sobe s natopljenom gužvom papira, očajnički želeći da ga se oslobodi.

Stajao je malo na terasi, u mraku, malo podalje od osvetljenih vrata, boreći se da umiri disanje, dok je slušao glasove koji su se i dalje čuli u sobi – jedan optužujući, a drugi stišavajući, jedan grub, drugi bespomoćan, a detetov plač se postepeno stišavao i pretvarao u štucanje i povremeni jecaj. Pitao se da li treba da se vrati, da ostvari pravdu i milost. Ali papir među njegovim prstima curio je i zaudarao. Buljio je u njega sa odvratnošću, i nije bio sasvim siguran kako je došlo do toga da ga on drži. Zamalo ga nije bacio preko ograde u dvorište, no, bilo je očigledno da su ljudi stajali na svakim vratima, u svakoj senci, slušajući i gledajući kad će biti bezbedno da nastave ono što je bilo normalan život ovog domaćinstva. On ih steže čvršće, da bi savladao svoju odvratnost, a zatim učini ono što mu je instinkt govorio da učini – potrča terasom, strča niz stepenice, prođe kroz vrata, izađe na sokak, i tu baci odvratni paket u slivnik, i pobeže. Bio je na kraju sokaka, na uglu gde je ulično osvetljenje bleštalo normalnošću, pre no što mu pade na pamet da su oni papiri koje je bacio mogli biti ispisani Nurovim stihovima.

Dva trenutka te večeri ostala su mu u pamćenju, da ih čak ni njegova savest, ni selektivna sposobnost sećanja nisu izbrisali – trenutak kad je stajao iznad dvorišta, slušajući glasove u sobi, i trenutak kad je izjurio iz kuće, bacio papire i otrčao. Šta se, u stvari, dogodilo između ta dva trenutka? Ponekad se sećao sasvim drukčijeg prizora: kako je ušao i odgurnuo osvetoljubivu priliku veštice u beloj i srebrnoj odeći, kako je podigao Nura u naručje, ublažio mu bolove i oslobodio ga od njih... ali, tad bi njegova urođena nesposobnost da se zadovolji fantazijom upotrebila kočnicu, divlje vrludanje njegove mašte naglo bi se zaustavilo, i on bi se opet suočio s jednom istinom – kako je napustio pesnika u agoniji, oskrnavio papire na kojim je pisao svoje stihove, i pobegao.

Čak i od sećanja na to, disanje bi mu se ubrzalo.

GLAVA ČETVRTA

Zora je svitala na kraju puta, dok se Deven truckao u autobusu na putu kući. Tako su bar to opisivali pesnici, pomisli gorko, dok je gledao kroz prašnjavo okno prozora u čađavu tamu koja je bledela i postajala siva, kao da su se čađ i garež rastvarali u vodi za pranje sudova. Obrisi počeše da se pojavljuju iz te vodene tame, najpre nejasni i bezoblični, zatim postepeno počeše da dobijaju linije i dimenzije drveća, kuća, dimnjaka, koliba. Zora i poezija, pomisli, dok je ispljuvavao komadić duvana iz usta koja su bila bolno nečista u tom jutarnjem času. Sve to jednostavno nije stvarno, nije istinito; sve je to obmana, hipokrizija, i ne treba joj verovati. Da je istinito, izdržalo bi ispit stvarnog iskustva, a nije. O, nije, nije. Odsad će da izbegava tu fatamorganu, taj san koji se tako lako pretvara u košmar. Bolja je bilo kakva stvarnost, govorio je sebi, čak i ako je to prljavi prozor seoskog autobusa koji se trucka kući izrovanim drumom.

Glasno zastenja, trljajući glavu dlanovima, u veoma stvarnoj agoniji.

Neki poraneli mlekadžija koji je sedeo u drugom redu, zapita ga ljubazno: „Sine, jesi li bolestan? Je l' ti nije dobro?"

Deven zavrte glavom u znak poricanja, zatim diže glavu i stoički se zagleda u žuti ivičnjak kolovoza s ogradom od bodljikave žice, oborenom u prašinu, i u omršavelu stoku kako se polako diže iz zaklona od trnovitog drveća gde je spavala, i ljulja preko golih polja, u potrazi za hranom, kao neke preistorijske zveri koje nisu bile obaveštene da su sad zastarele. Posle košmara koji je doživeo, tišina i mir ovog jutarnjeg prizora činili su mu se zaista idiličnim. Zurio je i zurio, primećujući svaki plakat i svaki znak duž puta – „Fabrika šećera Muta", „Popravka bicikala", „Gume i cevi Modi", gaj pocrnelog bagremovog drveća, gomilu porušenih koliba od zemlje, „Pendžabska gostionica: Topla Hrana, Hladno Piće" – udarali su mu u oči i bolne slepoočnice, posledice besane noći, kao mali, zli kamenčići. Nema idile koja se ne može prekinuti.

Negova glava na tankom vratu klatila se od sanjivosti. Voleo bi da zatvori oči, nasloni uvo na drmusavu stranu autobusa, i odspava malo, ali se nije usuđivao. Znao je kakve će figure da se iskopracaju iz tame i napadnu ga – žena s pljuvačkom na crvenim usnama koje se otvaraju da vrište i grde pesnika, kotrljanje belog jastuka po podu, u stvari pesnika koji se kotrljao i kotrljao prema njemu, dok ga nije udario ispod kolena, oborio ga u slivnik zapušen mokrim, smrdljivim papirima ispisanim pesnikovim stihovima... On podiže stopala, u strahu da mu se mogu omotati oko članaka – još uvek može da oseti njihov smrad – poezija, u njegovoj duši zauvek pomešana s povraćanjem. Što je još gore, uvek će se osećati odgovornim, bar delimično – zbog prljanja te poezije. A opet, kako to on može biti, kad toliko voli poeziju, *voleo* je poeziju iznad svake stvarnosti?

„Evo, sine, malo duvana – probaj i vidi kako ćeš se osećati", bodrio ga je ljubazni mlekadžija, naginjući se preko prolaza između sedišta, s malom, pljosnatom, limenom kutijom, koju otvori zelenim noktom, i ponudi duvan Devenu.

Deven ustuknu, mrmljajući hvala i nespretno odbijajući da uzme duvan. U ovom trenutku bio mu je miliji mir od svake ljubaznosti.

„Raščišćava glavu", saletao ga je čovek, „najpre ti se zavrti i pomisliš da će otpasti – zatim prestaneš da osećaš vrtoglavicu i osetiš da je raščišćena, dobra kao nova."

„Ne, ne", Deven podiže glas ljutito i odlučno se okrete prozoru. Ču kako se kutija s duvanom zatvori.

Evo najzad oaze Agronomskog Koledža, sa zelenilom hranjenim veštačkim đubrivom, železničke pruge, autobuske stanice, gomile ljudi koja čeka i njihovog prtljaga, kolica sa voćem i kikirikijem za putnike, kakofonije bazara, njemu tako bliske. Kad je ustao i, spotičući se, izašao iz autobusa na savijenim, neposlušnim nogama, on ugleda lice jednog od svojih studenata koji promače na biciklu. U trenutku kad su gledali jedan u drugog, u obostranom zaprepašćenju, jedan Nurov stih pade mu na pamet, tako slučajno, kao bačena autobuska karta:

Noć prolazi, dan sviće, a tuga se ponovo pojavljuje,
Obraćajući nam se u jutarnjoj svetlosti,
    s kreštavim kukurekanjem petla.

Stajao je malo, kao da su mu udovi ispunjeni cementom. S obe strane gurali su ga putnici koji su silazili, i oni koji su ulazili, no, on nije mogao da se pomakne ni u jednom pravcu. Protrese glavu, plašeći se da će osetiti zveckanje velikih kamenova u njoj, i reče sebi da mora odlučiti kud da ide, i šta dalje da čini. Posle ove početne neizvesnosti došla je brza odluka: ne može ići kući i suočiti se sa Sarlinim kamenim licem, njenom zlovoljom, ili njenim otvorenim besom. Biće bolje da ode pravo u koledž. Tamo neće biti nikoga u tako rano jutro. Otići će u toalet i staviće glavu pod česmu. Otići će u kantinu i popiti šolju kafe. Otići će u svoju učionicu, održati predavanje, malo će možda posrtati, ali će se najzad vratiti na poznati način života. Nema sumnje da će nešto ili neko naići da ga podstakne da nastavi. Kad se vrati na uobičajeni način života, više nikad neće zalutati. Nikad, o, nikad. I, pogurivši se da zaštiti uši i glavu, on napusti gomilu.

Kad je stigao kući, Sarla je stajala u vratima, obavivši ruke i sari oko ramena, lica ugnutog pod tankom, rasutom kosom. Razgovarala je sa susetkom – slika napuštene žene. Bila je to susetka koju Deven posebno nije voleo – mati-udovica jednog njegovog kolege, gojazna i bezoblična, u belom udovičkom sariju, i lica istovemeno licemernog i ratobornog, kao sekira u rukama fanatika.

Kad je otvorio kapiju, uz poznati zvuk zarđalosti, obe žene podigoše savijene glave, i zurile su u njega kao de je bio tuđinac, uljez. Sarla tad prebaci preko glave jedan kraj sarija. Obično nije pokrivala glavu kad bi se on pojavio. Bilo je očigledno da se priprema za scenu. Pokušao je da se nasmeši, zatim podiže ruku da pokrije usta, jer oseti da ne treba to da čini.

Gospođa Bala pođe postrance, na svoj karakteristično obmanjiv način. Dok je prolazila pored njega na kapiji, reče: „Kazala sam Sarli da se ne brine, moj sinovac te je video kad si jutros izlazio iz delhijskog autobusa, dok je išao u homeopatsku kliniku da uzme lek za svog oca. Rekla sam joj da je to bilo u šest sati."

„Tako je. Propustio sam poslednji autobus sinoć", izgovori on promuklo, „i uhvatio prvi autobus jutros, i odlučio da prvo odem u koledž."

„Ali, mogao si da pošalješ poruku", reče gđa. Bala, najslađim i najulizivačkijim glasom. „To je mala stvar, ali znači mnogo jadnim ženama koje čekaju kod kuće." Uputi Sarli dobroćudan osmeh. „Dobro, sestro, idem", uzdahnu i nestade iza ugla, vukući svoje udovičke noge.

Sarla se iznenadno odmače od dovratka i pođe da uđe u kuću, vešto držeći sari preko glave, kao da je u žalosti, ili na nekoj verskoj ceremoniji. Uzdišući, Deven pođe za njom. Znao je da će ovako ponašanje biti njegova kazna mnogih sledećih dana. Dosada od svega toga spusti se na njega kao siva, mrvljiva buđ. Oseti se star i buđav. Bio je siguran da su mu prošle noći zubi olabavili, da će mu kosa, ako je povuče, ostati u šakama. Bojao se da bi ona mogla to učiniti da ga nauči da se ne usuđuje izlaziti iz poznate, bezbedne kante za đubre njihovog sveta, u opasni svet noćnih bahanalija, terevenki i melodrame. Sad će potonuti u đubre, kao odbačena kora, i buđaviti. Samo, to nije bilo sve što je zasluživao, nego i sve za šta je on sposoban, i što može očekivati od života, od sudbine. Pravda ipak ima veze sa istinom; nije li to učenje...? Nije mogao da se seti čije. Kakva je hvalisavost bila njegov pokušaj da nađe ulaz u Nurov svet – svet drame i neprestane svetlosti, gozbi i besova. Kako se pokazao nedoraslim zahtevima i očekivanjima tog sveta. Sve što njemu može da odgovara jeste ovo – ova pohabana kuća, njeni prljavi ćoškovi, njena beda i odsustvo ljubavi. Pogledavši oko sebe, oseti kako se opusti od olakšanja. U isto vreme, njegova se pleća pognuše u porazu.

Kad se oženio Sarlom, Deven je bio više pesnik no profesor – on je primljen samo kao privremeni predavač, i još uvek je imao poverenje u svoju poeziju, a za ženu jednog pesnika, ona se činila suviše prozaična. Naravno, nije on nju izabrao, već njegova mati i tetke, lukave i oprezne žene. Ona je bila kćer prijatelja njegove tetke, živela je u istoj ulici u kojoj i ta porodica, i oni su je posmatrali godinama, i zaključili da odgovara u svakom pogledu: jednostavna, štedljiva i urođeni pesimista. Ono što nisu slutili jeste to što je Sarla, kao devojka i nova mlada, imala i neke nade. One to nisu razumele, jer u strogim granicama njihovih oskudnih života, nisu nikad razmišljale o nečemu tako apstraktnom. Sarlina kuća bila je malo manje sumorna, no negde u atmosferi te kuće cvetala su obećanja raja kakva su pružale reklame, bioskopske predstave i tračanje s prijateljicama. Zato se usuđivala da se nada telefonu, frižideru, čak i kolima. Zar se nije nasmejana dama na plakatu zavodljivo naslanjala na svoj prepun frižider, obećavajući „Može biti vaš, na povoljnu otplatu"? A zar drska devojka u magazinu ne ulazi u kola kao da u životu ne postoje takve stvari kao što su računi, otplate ili dugovi? Njene prijateljice zbijale su šalu s tim – „Fen, fon, frižider," uzvikivale bi one, kad god bi neko pomenuo venčanje, zaruke i praskale u uzbuđen smeh. Dok je njena mati sakupljala sudove od nerđajućeg čelika, a njene sestre vezle za nju jastučnice i podmetače za naslon fotelje, ona je sanjala san o braku iz magazina: ona izlazi iz kola, s plastičnom kesom punom namirnica i stavlja ih u blistajući frižider, zatim trči do telefona na podmetaču od čipke na tronožnom stočiću, i uzbuđeno telefonira prijateljicama da ih pozove da idu i vide film, s njom i njenim mužem, koji se zadovoljno smeši na nju iza cvetne zavese.

No, udavši se u akademsku profesiju, i preselivši se u mali grad izvan prestonice, nijedan od tih snova nije joj se ostvario, i ona je, prirodno, bila ogorčena. Neispunjavanje njenih nada urezalo je dve tamne brazde od uglova njenih nozdrva do uglova njenih usta, duboke i stalne, kao hirurški ožiljci. Njena tanka, prava kosa, opuštena s obe strane glave, isticala je te dve linije razočaranja. One su joj davale ugrožen izgled, možda se zbog toga njen muž činio stalno ugrožen, iako je razumevao uzrok. Razumevao je zato što je i on, kao i ona, bio poražen; kao i ona, i on je bio žrtva. Mada su oboje razumevali tajnu istinu jedno o drugom, to nije dovelo do bliskosti njihovih duša, do drugarstva, zato što su takođe osećali kako dve žrtve treba da izbegavaju jedna drugu, a ne da sastavljaju svoje zajedničko razočaranje. Žrtva ne traži pomoć od druge žrtve, ona traži spasitelja. Deven je bar imao poeziju. Ona nije imala ništa, i zato je postojala još jedna optužba i gorčina u njenom pogledu.

Obično su ga ljutile njene prećutne optužbe koje su povećavale teret na njegovim leđima. Da bi ga ublažio, bacao bi jela koja nisu bila skuvana po njegovom ukusu, urlao nekontrolisano ako obedi nisu bili kad je on želeo, ili rublje nije bilo oprano, ili je nedostajalo neko dugme, ili je njihov sin bio neopran ili suviše glasan. Bacao je krivicu na nju, da ublaži pritisak tog tereta. Cepanjem košulje koju ona nije oprala, ili isterivanjem iz sobe dečaka, zato što je plakao, on se, u stvari, bunio protiv njenog razočaranja. Hteo je da ga razbije, da se njoj osveti što je razočarana. Zašto da to uništava njegov život koji je nekad obećavao i imao budućnost?

Ali, propast se sad ugnezdila u njegov život, i on joj je podlegao; odgovarala je njegovom raspoloženju, bila je podobna. Opružen na slomljenoj trščanoj stolici na terasi, slušao je kako se Sarla kreće po kući, i posmatrao sina kako se igra na stepenicama. Oni su bili zaposleni, a on zaludan. Oni su bili živi, a on u nekoj neodređenoj sferi. Ako se ne potrudi da izađe iz nje, tu će i ostati.

„Manu", pozva on najzad nežno, podstaknut sopstvenom izolacijom da napravi korak posle pokunjenog povratka.

Ako je Manu čuo, odgovorio nije ništa, samo je obrisao nos nadlanicom, i nastavio da se igra limenom igračkom na stepeništu.

„Manu, sine", pozva Deven opet, tužno. „Dođi tati, tatici."

Manu sad diže pogled ispod prašnjave, zamršene kose, zbog neočekivanog molećivog tona u Devenovom glasu.

„Dođi, sine, da razgovaraš s tatom", podsticao ga je Deven, pomerajući noge da mu napravi krilo. „Pričaj mi kako je u školi."

Manu ćuti; samo nervozan trzaj prsta.

„Pokaži mi tvoje knjige", pokušava Deven." Gde su ti knjige?
Iznenada se začu glas iz zamračene sobe iza njih, „Idi i donesi knjige", viknu Sarla. „Pokaži ih ocu."
I Deven i njegov sin odskočiše, njen glas dolazio je iz neposredne blizine. Dete se pope uz stepenice i uđe da uzme školsku torbu, a Deven utonu u stolicu, slab od olakšanja što je kazneni period prošao. Napetost je bila presečena. Ležala je, kao mrtva, sklupčana kod njegovih nogu, iscrpena.

On se nasmeši na Manua dok se vraćao preko terase, vukući školsku torbu, mrzovoljno, jer, kao da je više voleo da tako ostane u senci. Izgledao je nevoljno i uplašeno, dok je otac izvlačio pohabane, umašćene udžbenike i sveske, i otvarao ih sa iščekivanjem zadovoljstva, ako ne ponosa. No, bilo je teško, ako ne i potpuno nemoguće za jednog pesnika i predavača u lokalnom koledžu da se ponosi prljavim, naškrabanim stranama, umazanim od brisanja i ispresecanim ljutitom crvenom olovkom, tužnim ocenama i oštrim primedbama na marginama. Uzvik protesta diže se do Devenovih usana, i tu zamre. Bio je svestan da nije trenutak za roditeljsku osudu. Bio je takođe svestan Sarlinog budnog prisustva u sobi iznad njih, sakrivenog, ali pretvorenog u uvo. A znao je da je suviše često govorio: „Kad sam bio dečak, pokušavao sam da obradujem svog oca, donoseći kući dobre ocene, uredne sveske i lep rukopis. Nije me nikad nagrađivao, ali je bio zadovoljan – bio je ponosan. Želeo sam da se moj otac ponosi mnome. Znao je kako bi Sarla na to iskrivila usta, njegov sin se durio, i kako je to bilo nepodnošljivo. Zato sad samo uzdahnu.

„Šta čitaš?" herojski je opet pokušao. „Ovu knjigu? A, vrlo dobro, to je vrlo dobro", smešio se, prevrćući knjigu stihova o paunima, vranama, kornjačama i zečevima, majmunima i krokodilima – taj bestijarijum koji se šepurio kroz svačije detinjstvo, kojeg se sećao iz sopstvenog, i potpuno odobravao kao odgovarajući za svog sina. No, da li je odobravao? Zureći u klasične suprotnosti različitih vrsta, koje su dočaravale blistavu energiju osnovnih boja u ilustracijama, oklevao je, i senka mu prekri lice kad ugleda preko njih prevučene slike koje kao da su mu ispale iz srca, kao loše sakrivene karte u igri: slike mršavog, živo obojenog, zategnutog lica, nesrazmerno razvučenog od gnušanja i gneva; usukanu priliku, savijenu od bola, na podu, a, preko tih slika, treću, stariju i bleđu, a ipak, isto tako, punu bola, sliku svog oca, ispijenog od bolesti, zgužvanog na podu, s pohabanom knjigom pesama u rukama, iz koje čita, sa izrazom neopisive radosti, pesme koje su, nekim čudom, bile ispisane na drugim dvema kartama, oštrije i modrije, u svežijim bojama. Šta je učinilo da se te raznolike uspomene pojave zajedno i formiraju jednu sliku?

Dižući se iz stolice, on promuca: „Hajdemo u šetnju. Hodi, Manu, hajde da se prošetamo." On ispruži ruku, ne gledajući, a dečak obazrivo uvuče jedan prst u očevu pesnicu, i oseti kako se ona steže. Zatim siđoše niz stepenice, pa kroz kapiju izađoše na drum, dok je majka u kući zaprepašćeno posmatrala i bila bliža onoj majci u sjajnom magazinu nego što će to ikad biti.

Deven i dečak išli su putem između žuto okrečenih malih kuća koje su pripadale istoj vrsti slabo plaćenih zaposlenih kao i on, i koje su sve čekale da jednog dana budu okrečene, kad se sakupe fondovi za tako neverovatan projekt. U međuvremenu su se ljuštile i buđale pod lozicama pasulja i tikvi i pod crvenim, prašnjavim bugenvilijama. Polomljeni nameštaj presipao se s njihovih malih terasa. Rublje je visilo na konopcima napolju. Ispod rublja kokoši su vredno čeprkale, a deca se divlje igrala. Radio aparati su odjekivali, pa, dok su tuda prolazili, slušali su isti program, u neprekidanim nastavcima.

Deven je sve to udisao i osećao da ga to oporavlja. Sad ga nisu vređale njegove „okolnosti." Njihovu niskost preobratilo je njegovo novo iskustvo i još sveže rane koje je ono ostavilo. A i osećaj sinovljevog palca u svojoj šaci. Hodao je lakim korakom, udišući zagušljivi vazduh male kolonije, miris njenog kuvanja, prašine i kokošijeg izmeta i rublja koje se suši. Kao da ga je sve to krepilo. Tiha veselost večeri i šetnja doneli su mu neuobičajeni duševni mir, zadovoljstvo stvarima kakve jesu, i izvesno osećanje skromnog građanskog blagostanja.

Hodao je kao da se udaljavao od otpadaka njegovog puta u Delhi, posete Nuru, propalog intervjua – kao da ih sve ostavlja. Pustoš koju je najpre osetio kad ih je izgubio postepeno je ispunilo ovo veče, kao voda praznu čašu, shvatanjem da je taj gubitak uprostio njegov život, opet ga sveo na istu prazninu s kojom je znao kako da iziđe na kraj, jer to je činio veoma dugo. Na vreme je izbegao komplikacije s kojima ne bi znao kako da se bori. U poređenju sa strahotom takve pretnje, ova siva anonimnost je slatka.

Reče sebi kako je srećan što je zamenio opasnosti Nurove poezije nezahtevnim čavrljanjem deteta. Dečak je pričao jednu od svojih jednoličnih priča iz školskog života, koje je često brbljao svojim roditeljima, samo oni nisu nikad slušali. Sad Deven pogleda dečakovo teme, i nasmeši se kad mu Manu reče: „Mom učitelju rastu dlake iz ušiju. Tata, zašto njemu rastu dlake iz ušiju? On stavlja olovku iza uveta – ovako" – Deven se zasmeja i zamahnu dečakovom rukom: „a kad je ljut, on uzme olovku i baci je – ovako." Dečak zamahnu pesnicom, a jedna vrana podiže se s ograde od bodljikave žice i odlete, krešteći. Manuovo lice pocrvene od iznenađenja i ponosa što je njegova priča proizvela takav utisak. Gotovo od početka svog života, od najranijih dana detinjstva kojih se, naravno, nije sećao, imao je osećanje moći, sposobnosti da ostavi utisak na ljude, i da utiče na događaje. Išao je uz oca, umesto da se vuče za njim, što je obično činio. Dečak, koji je obično bio svadljiv od gladi i sanjivosti u vreme kad se Deven vraćao s posla, nije nikako ličio na plačljivo i nezadovoljno stvorenje, što je obično bio. Kao da je i on pronašao nešto prijatno i prihvatljivo u neobičnom iskustvu šetnje sa ocem.

Kad ga je mati izvodila u šetnju, bila je to uvek poseta tržnici, ili nekoj prijateljici, ali, izgleda da je njegov otac preduzeo pustolovniju ekspediciju. Prošli su koloniju stanova sitnih službenika. Išli su iza Lala Ram Lal Koledža, i njegove ograde od bodljikave žice, kroz koju su se videla prašnjava, prazna igrališta, gde niko nikad nije igrao, i niz okrečenih koliba, gde je živelo osoblje koje nije pripadalo nastavnom kadru, među bivolima, opranim rubljem, krevetima od konopaca i kofama za vodu. Zatim se staza odvajala od bodljikave žice i išla kroz neravnu travu i delove pokrivene šalitrom, i spuštala se do kanala koji je odvajao grad od hemijski bujnog zemljišta Agronomskog i Veterinarskog Koledža čije su se ljubičaste bugenvilije spuštale do obale kanala, i raskošno cvetale iza busena pampas trave. Ovde se staza sužavala u blatnjavi prolaz koji je koristila posluga koledža, naseljena iza grmlja, i bivoli, da piju vodu. Ilovača se osušila i bilo je prijatno hodati po njoj dok je pucketala pod njihovim nogama. Kanal je uzan, ali dubok, i nikad se nije sušio, čak ni po najtoplijem vremenu. Trava pampas rasla je gusto duž obale, a bivoli i pčele komešali su se u trskama po ivicama.

„Vidi papagaje", Deven pokaza dečaku jato, koje se rasprši iz jednog bagrema i prelete poljane jetko zelene uz bledo žutilo zapadnog neba.

„Znam pesmu o papagaju", uzviknu odmah Manu, i svom snagom otpoče dečju pesmicu koju je čak i Deven znao, i nasmeja se radosno što se podsetio njene jednostavne gluposti. „Moj otac me je naučio to", reče blago. Možda to baš nije bila istina, ne može iskreno tvrditi da se seća, ali bi mogla biti istina, zato što je se sećao i osećao negde u njoj izvinjavajući osmeh svoga oca. Njegov otac patio je od hronične astme i karijera mu je propala zbog tog invaliditeta, a on kao da se uvek izvinjavao svojoj ženi koja je očekivala više od muža i osećala se žalosno razočarana što je tako malo učinio od svog života. Kao dete Deven nije to shvatao, ali sad, kad je i on zauzimao ne baš drukčiji položaj u kući, osećao je potrebu da štiti mrtvog čoveka i u svojoj mašti slavio ga je i obogotvorio, što nije činio dok je otac bio živ. U magičnim trenucima, kao što je ovaj, fantazija je poprimila kvalitet istine. Zaista je svetlela – kao zalazak sunca.

Jato papagaja se vrati, možda zato što polja nisu imala zrnevlja, odlete na drvo iznad njihovih glava, krešteći i svađajući se dok su se smeštali među trnjem. Jedno blistavo pero, sveto zeleno, zalepršalo se kroz vazduh i palo pred njihove noge na sivu ilovaču. Deven se saže, podiže ga, i dade ga sinu koji ga zatače iza uva, oponašajući ono što je njegov učitelj činio s olovkom. „Vidi, sad sam učitelj", kriknu uzbuđeno.

Bio je to vrhunac ovog kratkog, srećnog trenutka. Kao da je večernja zvezda zasijala u tom trenutku, bacajući malo, bledo svetlo na Devenov monotoni, sivi svet. Ono se nije moglo zadržati, moralo je da se smanji i nestane.

Kad su se vratili kući – DII/69, u koloniji nazvanoj po vođi haridžana, paket od mrkog papira koji je Deven pažljivo pakovao celo veče i pažljivo ga vezivao, raspade se. Rukama vlažnih od pranja, Sarla mu predade kartu koja je stigla večernjom poštom. „Evo ti", reče, frknuvši glasno. Očigledno je pročitala kartu. On je uze, i znao je da ga je njegova zla kob tražila i najzad ipak našla.

„Dragi gospodine", pisalo je sitnim, preciznim rukopisom na engleskom. „Obradovao sam se kad sam saznao kako hoćete da radite kao moj sekretar. Molim vas, javite se što je moguće pre. Hoću da vam diktiram neke pesme. Sahib Murat hoće da ih objavi. Vreme leti. Vaš odani..." Potpis je bio na elegantnom, preciznom Urdu jeziku.

GLAVA PETA

„Evo šta se meni ne sviđa kod tebe", reče Murat, praveći grimase oko čačkalice zabijene između usana. „Uvek kažeš ne, ne mogu, kako bih ja to, bojim se, biću povređen, biću ubijen" –

„Ja to ne govorim", bunio se Deven, držeći glavu u šakama, od očajanja. „Jedino kažem da imam svoj posao, ne mogu da ga izgubim, da izgubim svoju platu. Imam porodicu – ženu i sina. Ne mogu dopustiti da gladuju" –

„Ko kaže da će oni gladovati?" Murat se pretvarao da je zbunjen. „Eto, pruža ti se poseban posao, a ti jaučeš o gladovanju."

„Murate, to nije posao koji ja mogu obaviti, samo ti to govorim. Ja i ne živim u Delhiju. Nemam vremena."

„Onda si mi to morao reći odavno, umesto što si govorio kako hoćeš da pišeš za moj list. Nemaš vremena. U redu. Vrati se u svoje selo, truni tamo, sa svojim bivolima i gomilama balege. Zašto dolaziš i pretvaraš se da si pesnik i da pišeš stvari koje treba da se objave u mom časopisu? Odlazi. Ne oduzimaj mi vreme – imam mnogo boljih pesnika od tebe koji se mogu naći na ulicama Delhija."

No, ovo je bilo suviše kategorično za Devena koji se uvek sklanjao u dvosmislenost. „Slušaj, rekao sam da ću da pišem za tvoj list, jeste. Rekao sam da ću intervjuisati Nura. Sve što sam obećao jeste intervju s Nurom. Zbog toga sam putovao u Delhi, otišao sam u njegovu kuću da ga posetim i dopustio da budem uvučen u njegovo društvo. Zbog *intervjua*. Kako si to zamislio, kako si mu mogao reći da ću biti njegov sekretar, i da će mi on diktirati? Misliš da ću ostaviti posao u najistaknutijem koledžu Severne Indije, odreći se svoje plate, štednog fonda, penzije, stambenog i zdravstvenog osiguranja, da bih bio tog – tog ludaka sekretar – da punim njegove mastionice, da zapisujem njegove psovke i uvrede? Kako si mogao da mu kažeš tako nešto, Murate, *kako*?

„Ima mnogo ljudi koji bi to smatrali čašću, velikom čašću", reče Murat oštro, posmatrajući Devena prezrivo, dok je čačkalicom kopao po ustima. „Poznajem pet, šest ljudi, koji bi bili srećni da odu i pune njegovu mastionicu, i zarezuju njegove olovke, smatrajući to zlatnom šansom da uče umetnost poezije od velikog učitelja. Devene, zaboravljaš našu indijsku tradiciju. Zaboravljaš *guru-šišja* tradiciju – kako *šišja* sedi u dnu nogu svoga *gurua*, godinama – ponekad dok i njegova kosa pobeli – srećan samo što uči i što služi, a kroz služenje uči, pre no što pokuša da sam nešto uradi. Ali ljudi kao ti – žele da putuju prvom klasom – da bude sve lako – samo pravo napred. Nema vremena da se sedi podno guruovih nogu, i uči – ti misliš samo kako da napreduješ" –

Deven ga prekide ogorčeno. „Ne znam zašto neprestano govoriš o tom *guruu* i *šišji*. Nikad nisam rekao da tražim gurua. Odustao sam od pomisli da ću ikad pisati poeziju. Ja sam siroti predavač, privremeni, koji zarađuje za život. Kažem ti, nemam vremena, ne mogu da služim Nura, ne mogu da budem njegov sekretar, i nisi pozvan – nisi pozvan, čuješ li", glas mu se diže, kao da će se uskoro raspući: „da mu kažeš kako hoću da mu budem sekretar."

Murat izvadi čačkalicu iz usta. „Slušaj me", reče glasno i polako, kao da govori maloumniku, „nisam mu rekao da ćeš biti njegov sekretar. Kad sam ga video na *ursu* Hvaja Nizamudina Aulije, prišao sam mu da mu ukažem poštovanje. Da, ja mnogo poštujem velike ljude, kao što je on, pesnike i umetnike. Prišao sam mu i sagao se da uzmem prašinu s njegovih stopala. I samo sam ga zapitao da li je razgovarao s tobom, i da li je pristao da ga intevjuišeš – sećaš se da se nisi vratio da mi kažeš šta se dogodilo. Jednostavno si pobegao, iščezao bez reči" – bivao je sve oštriji, i Deven ustuknu pred tačnošću njegovog sećanja" – i on je pristao, i rekao da ste se veoma dobro složili, i kako on želi da ti znaš da te on čeka, da počnete. To je *sve*."

No Deven nije bio u to uveren. Bilo je nečeg u Muratu što nije bilo ubedljivo. Posmatrao ga je stisnutih usana dok je sa stola sklanjao šolje od čaja i počeo da sređuje svoje papire na prljavom stolu, i tiho progovori, „Mora da me je pogrešno razumeo. Samo sam spomenuo intervju, a ništa nisam rekao o tome da bih bio njegov sekretar. On čak nije ni rekao da mu treba sekretar. Ko mu je natuknuo tu ideju ako nisi ti? Sad ne mogu ni da mu se približim – ako odem kod njega za intervju, on me može naterati da sedim i počnem raditi za njega" –

„Vidiš", dreknu Murat, iznenada lupivši rukom po gomili papira na stolu. „Vidiš o čemu govorim? Uvek si uplašen, uvek govoriš kako ću ja to, biću ubijen, uhvaćen, nateran da činim ovo, primoran da činim ono. Ko te može naterati da radiš ono što ne želiš? Zar nemaš jezik? Zar ne umeš da govoriš? Zar ne možeš da kažeš, sahibe-Nur, došao sam zbog intervjua, o kojem sam govorio prošli put. Molim vas dajte mi dva sata svog vremena, sahibe-Nur, i to je sve. Ja se moram vratiti da predajem Hindi u koledžu Lala Ram Lal, u Mirporu, svojoj ženi i sinu, svojoj vegetarijanskoj hrani i čaši mleka" – Deven tužno ustade, svestan da ovde ne može očekivati pomoć. „Niko mene nikad ne sluša" – reče patetično, vukući porub svoje košulje, pipajući pero u džepu košulje, gladeći kosu. „U tome je nevolja – on me neće slušati."

Murat je zaposleno zagnjurio glavu u svoje hartije i brzo diže glavu, i besno ga pogleda. „Zašto bih te slušao?" obrecnu se. „Ti treba da odeš tamo i slušaš *njega*. Idi odmah, idi brzo – već sam dovoljno vremena potrošio na tebe. Neko drugi dosad bi ga već intervjuisao i doneo mi članak." On uze olovku, pola plavu-pola crvenu, i poče veoma upečatljivo da udara kose crte preko papira pred sobom.

Na poslednjem ispitu u školi, on je dobio bolje ocene od Devena, mada je pozajmio njegove beleške i često tražio Devenovu pomoć.

Kad se našao na stazi duž zida iza bolnice, nije bilo mogućnosti da se okrene i pobegne što su mu govorili njegovi najbolji instinkti jer su vrata koja su vodila u kuću bila širom otvorena, a i drugi ljudi su išli putem k njoj. Saobraćaj je išao u istom pravcu, što je činilo nemogućim da skrene i vrati se neko ko je, kao Deven, toliko žudeo da izbegne sudaranje ili pažnju. Ljudi u blešteće beloj odeći stajali su pored vrata da požele dobrodošlicu svima koji dolaze, a uzbuđena deca u somotskim kapama i satenskim jaknama uvodila su ih preko praga, već pretrpanog brdom cipela i sandala koje su ostavili gosti pri ulasku u dvorište, odakle su svi stari otpaci bili počišćeni da bi se napravilo mesta za nešto što se čini da je bio soare.

Nakon što se njegovo prvo, uznemireno drhtanje stišalo, Deven oseti olakšanje kad ugleda toliku gužvu – možda ga neće primetiti. Svakako će Nur recitovati svoju poeziju. On će sedeti na divanu prekrivenom tepisima i jastucima, a Deven se može sakriti iza ljudi koji sede prekrštenih nogu i čekaju na pamučnim prostirkama i belim čaršavima prostrim na otvorenom dvorištu, i neće biti potrebe da se njih dvojica uopšte sretnu.

On se spusti na kolena i potonu iza reda velikih, dobro uhranjenih, pasivnih ljudi u sjajnim kapama i turbanima koji će ga sigurno skriti od svakog ko ima počasno mesto na divanu. No, on neće biti ostavljen na miru. Sve više je ljudi pristizalo kroz mala drvena vrata, a on kao da je smetao svakome. Najpre se skupio i čučao čineći se što je moguće manjim, zatim je bio prinuđen da se pomakne da bi propustio zakasnele, i na kraju je morao da odlučno gura druge kako bi mogao disati. Ljudi koji su bili pozadi počeše da se guraju napred, uzvikujući: „Braćo, napravite mesta za nas, molimo vas, pomaknite se". A drugi su se ćutke snažno gurali. Kad je video da se sve više približava prvom redu, lice mu se ukoči od zbunjenosti i nezadovoljstva. Glavu je držao sagnutu gotovo do kolena i nije video izvođača kako izlazi iz osvetljene sobe i seda na divan; bio je toga svestan tek kad je čuo aplauz i glasnu dobrodošlicu.

Kad je pogledao, zaprepasti se od šoka kad je video da na sredini divana sedi, ne Nurova ostarela i dobroćudna figura u belom, već napuderisano i nafarbano stvorenje u crnom i srebru, koketujući ispod sjajnog vela koji je držala preko čela dok je okretala lice levo i desno, upućujući osmehe svojoj publici i čineći da joj prsten u nosu svetluca od zadovoljstva. Sedela je udobno, prekrštenih nogu, na tepihu, mičući crveno obojenim nožnim prstima od zadovoljstva što vidi prizor čiji je ona neosporan centar. I Nur je bio tu, ali ne na divanu: bio je podno terase, na ugnutoj stolici od trske, i izgledao kao torba ili jastuk koji je tu neko bacio. Brada mu je izgledala kao prilično požutela unutrašnjost nekog dušeka, iscurela iz njegovih grudi, i prašnjava, širila se preko njih. Dok je Deven zurio u njega, otvorenih usta od šoka, neki mladići su izašli, stali sa obe strane njegove stolice, podigli ga ispod ruku i smejući se, naterali ga da izađe pred publiku dok je neki mangup vukao stolicu za njim i pripremio je da on potone u nju, u prvom redu, gde je Deven bio tačno iza njega. Možda se mogao sakriti. Nur nije nikako bio u stanju da se okrene i da ga vidi iza one velike, ugnute stolice, no, Deven je sad shvatio da ne želi da se krije. Sećajući se prizora kad ga je napustio i pobegao, prve noći njihovog susreta, Deven je bio ispunjen velikom potrebom da to popravi i da spase pesnika novog poniževanja koje je nafrakano stvorenje na divanu pripremilo te večeri za njega.

Uspevši da se uspravi na kolenima koja su podrhtavala, tiho je prošaputao: „Gospodine – došao sam – Murat-baj mi je dao vašu poruku."

Nur je pokušao da se okrene u stolici, nije mogao to da učini, samo mu je jedno oko virilo iz zamagljenog ugla, kroz iskrivljena sočiva njegovih naočara u metalnim okvirima, nasađenih na velikom nosu i kolutalo pod usahlim kapkom, dok se trudio da se seti lica okrenutog njemu, lica s velikim bolom i napetošću u izrazu. Zatim promuca polako: „Da, da, da – Murat-baj će doći? Poslao sam pozivnicu i njemu."

„Nije mi rekao", uzviknu Deven, a misao da ga je Murat opet prevario prostreli mu srce. Znao je nešto što mu nije rekao, poslao ga je ovamo ove večeri, znajući da će biti soare kojem Deven nije imao ni želju niti razlog da prisustvuje i ne bi ni došao da je išta posumnjao. „Murat – zar je on imao pozivnicu", promuca.

„Jeste, jeste, jeste – rekao sam mu da te dovede. Rekao sam mu da dovede svoje prijatelje – svakoga" – njegovi mlitavi prsti zalepršaše se u vazduhu – „da slušaju Imtjaz-bibi. Ona će recitovati svoje nove – nove" – mucao je malo, zatim se okrete, ljut na svoju nesposobnost da se seti.

„Imtjaz-Begum", viknu glas iz publike, „ti si kao zvezda pala u bunar dvorišta na koji smo došli, da zahvatimo vodu. Kad ćeš ugasiti našu žeđ? Daj nam pesme Zvezde. Hoćeš li nam dati noćas pesme Zvezde?"

„Ne mogu ništa da recitujem – ništa, dok se moji muzički pratioci dobro ne nahrane i napiju i odluče da izađu, odgovorila je, šaleći se uzbuđenim i visokom glasom koji je parao Devenove uši kao nokat po staklu prozora. Počeše da zovu pratioce koje su iz gornjih soba poterali niz stepenice i doveli ih, kao volove, ili sluge, da se posade iza nje na divanu i počnu štimovati svoje instrumente. Neki od njih su još brisali usta i čistili mrve s revera. Imtjaz-Begum izazva smeh, kad se nađe nad jednim od njih i očisti mrve slatkiša s njegovog ramena učinivši da se on trgne kao da je uboden.

„Pa, hoće li vam poslednje piće pomoći da preživite ovo veče?" zadirkivala ih je, a opasna pretnja krila se pod slatkoćom njenog tona, a njena publika urlala je od smeha, oduševljeno, dok dobošara i svirača na harmonijumu obli znoj i oni počeše da se pretvaraju kao da su zaposleni, udarajući doboše zvučnom viljuškom i prebirajući po harmonijumu. Neka mlada žena, buljavih očiju, koje su zurile s bledog, trouglastog lica fanatika, snažno je prelazila prstima preko žica uspravne *tanpure*, ponovo i ponovo, dok se najzad Imtjaz-Begum ne okrete ka njoj i zamoli je da svira pravilno, ili da uopšte ne svira ništa, na šta ona potpuno prestade da svira i činilo se kao da je paralizovana.

Neko donese srebrnu kutiju betelovih oraha i lišća – Imtjaz-Begum se nasmeja, tako iznenadno i brzo kao da su makaze prosekle taj osmeh na njenom licu, sec-sec, a uz to zubi joj bejahu crveno obojeni. Oni u prvom redu, približiše joj se, i nastavili su da se šegače, no, ubrzo zatim, ona poče da se mršti i rukom pritiska čelo kao da je boli. Mrzovoljno je zatražila čašu vode. Malo odugovlačenje. Kad voda najzad stiže, ona se zahvali donosiocu crvena lica kitnjastim rečima dobro začinjenim sarkazmom. Njena publika zacereka se, a ona im dobaci prezriv pogled. Usta su joj drhtala od napetosti.

Deven zabrinuto pogleda pesnika koji se neudobno vrteo u škripavoj stolici od trske. On se podiže na kolena da bi ga upitao želi li on nešto – vode, betelovog lišća, ili jednostavno da ode. Ali, Nur, spustivši bradu na grudi, samo prošapta: „Rođendan joj je. Ovo je u njenu čast. Srećan je dan njen rođendan."

Ali, ko je ona? Zašto se njen rođendan proslavlja na ovakav način? Kako može ona polagati pravo na monopol pozornice sa svojim bučnim pevanjem koje para njihove uši, izveštačenim recitovanjem melodramskih i trećerazrednih stihova, kad pravi pesnik, veliki pesnik, sedi pogrbljen i ćutljiv, ignorisan i neslavljen, pitao se Deven, i odluči sve to da sluša samo delićem pažnje. Ona ne vredi da se sluša, on je neće slušati, nije došao nju da sluša, gunđao je u sebi i mrštio se na gledaoce koji su pokretali glave levo, desno, rukama udarali o kolena, puštajući glasne uzvike divljenja i poštovanja, kao marionete, pomisli, ili kao trenirani majmuni. Zašto, umesto ovog, ne pozvati sa ulice trenera majmuna, i gledati kako majmuni izvode svoje veštine. To ne bi bilo mnogo drukčije, a majmuni ne bi zahtevali tako veliki aplauz i odobravanje.

Devenovo lice iskrivi se od tog nemilog prizora. Očekivao je da uđe i bude pripušten u prisustvo poštovanog pesnika. Nadao se da mu najzad postavi pitanja, da sluša i beleži njegove reči. Umesto toga, čuo je udaranje u doboše, otezanje harmonijuma, a, iznad toga, tanak, piskav glas razmetao se pred publikom, kao neki ludi derviš zvuka. Baš kao što je Deven i očekivao, glas je dolazio kroz nos, i parao, često na ivici da se raspukne. Ako je publika aplaudirala i uzvikavala „Va! Va!" bilo je to zato što se često i raspukao, proizvodeći autentičan zvuk teške tuge, što se smatralo neophodnim u muzici i poeziji. Kad je Deven naterao sebe da malo oslušne, bilo je to baš kako je i mislio: ona je govorila da je ptica u kavezu, da čezne da poleti, da je čeka njen ljubljeni. Govorila je da su rešetke koje su je držale, okrutne i nepravedne, da su joj krila povređena od udaranja o njih, i samo Bog može doći i osloboditi je otključavanjem vrata od kaveza, Bog, u liku njenog ljubavnika. Kad će on doći? Venula je, preklinjući oblake da joj ga donesu, i kišu, da joj ugasi žeđ. Oh, bilo je to sve veoma lepo, veoma osećajno, veoma vešto. Oh, naučila je svoje trikove, veoma dobro, kao majmun. Zar nije imala najboljeg učitelja na svetu, da joj sve te slike i taj jezik ulije u glavu. Bilo je jasno da je sve naučila od njega, od Nura, i bilo je sramotno kako je imitirala njegove stihove, parodirajući njegovu veštinu, razmećući se, njemu u lice, onim što je ukrala od njega, tako lukavo, tako prepredeno.

Deven rukama obuhvati kolena koja su mu drhtala pod bradom, od uzdržanog besa i osećanja. Slušao je zvukove zadovoljstva i zahvalnosti kako dolaze iz publike u malim, svetlim mehurima koji su se rasprskavali u vazduhu, i oseti ubilački nagon. Žene sa velovima koje su pristojno držale preko glava dok su snažno žvakale betelovo lišće i uzvikivale „Ah-ha-ha" kad bi ih neka poetska fraza posebno dirnula – deca u zgužvanoj satenskoj odeći, koja su skakala – poskakivala, i pljeskala, kao da su na nekoj svadbi ili festivalu. Sve to, pritiskalo ga je, u malom, prepunom dvorištu gde je vazduh postajao sve zagušljiviji, i činilo da se oseća isto kao kad mu porodica njegove žene dođe u posetu, a njene sestre, tetke i rođake sedele na krevetu od konopca, na terasi, s bebama i pletivom, dok su im igle sevale brzo kao i jezici, a zaćutale bi kad bi opazile njega kako žuri stazom na putu u koledž, s knjigom pod miškom, i prsnule u smeh čim bi on izašao kroz kapiju. Kakva je to druželjubivost strasne ženskosti koja ga je smatrala predmetom podsmeha i čak svela ostarelu i cenjenu figuru pesnika Nura na patetičan stari jastuk iz kojeg ispada, bajati pamuk?

Ova žena, ova takozvana pesnikinja, pripada toj poznatoj ženskoj mafiji, pomisli, gledajući je s neskrivenim gnušanjem. Trebalo je samo da zbaci svoj srebrni i crni karnevalski kostim i prihvati jednoličnost njihove čedne odeće. Ovako obučena, ona svakako ne bi bila pripuštena u njihovo društvo – one je ne bi smatrale boljom od neke prostitutke ili igračice. Da li je to bila? Zažmirivši, da bi simulirao svetsku mudrost, pitao se, odakle potiče, koliko joj je godina. Nemoguće je to otkriti ispod brašnjavih naslaga pudera i sjajnog ruža na usnama i licu. Moglo joj je biti pedeset, nafrakanoj kao letnja ruža, pomisli podrugljivo. Ko je ona, i kako to da je Murat nije spomenuo? Nur mu je morao dati neko objašnjenje, kad mu je uputio pozivnicu. Da li je Nur rekao: „Moja žena će recitovati", ili „Imtjaz-Begum će nastupiti?" Zašto je Nur podlegao njenoj čudnoj ćudi da nastupa u njegovoj kući, kući pesnika?

Mogao je nastaviti da razmišlja, i dođe do još bizarnijih i neprijatnijih objašnjenja, no ona zastade i zavlada iznenadna tišina, u kojoj je ona glasna pročišćavala grlo držeći se za vrat dok je to činila. Ona pogledom pozva neke mlađe žene iz publike da joj priđu. Nasta iskren dijalog među njima. Posle mnogo gužve, pomeranja, šaputanja, svirač na harmonijumu ustade s divana, a njegovo mesto zauze najstarija i najneuglednija od njenih prijateljica – mršava, kruta žena, u smešnoj odeći, vela dobro zategnutog preko čela i uvučenog iza ušiju, što je činilo da izgleda kao da uopšte nema kose. Ostale prijateljice, mlađe, lepše, i privlačnije obučene, povukoše se sa očiglednim razočaranjem, kikoćući se da bi prikrile zbunjenost. Postarija žena, nalik na tankog insekta, bila je izabrana da peva. Devenu je bilo očigledno zašto, i on prezrivo iskrivi usta zbog pesnikinjine sujete. Okrećući se ponovo publici, i pokazujući na svoje grlo – koje je bilo dugačko, mršavo i belo – objasnila je: „Morate mi oprostiti – moje grlo – zadaje mi nevolje. Potrebna mi je vaša pomoć – vaš oproštaj." Ona saže glavu. Da li je nekad bila glumica? Igračica? Gde – u javnoj kući? Poznavala je sve odgovarajuće trikove. Sad je počela da peva u niskom registru, tužnim, uvelim glasom, kao neko na koga kiša nije pala, čiji ljubavnik nije došao. Posle svake fraze, ona bi zaćutala, i sedela, razmišljajući, čupkajući tepih s crveno obojenim prstima, dok je njena prijateljica preuzimala frazu, ponavljala je i ulepšavala, tragičnim tonovima. Njen glas neugledan je kao i njena pojava – Imtjaz-Begum nije mogla izabrati bolju suprotnost. O, prepredena je, prepredena je, morao je priznati Deven.

Iznenada, Nur se podiže iz stolice, i stajao je, klateći se, na stubovima svojih nogu, čineći se kao da će pasti. Deven uspe da ustane kako bi ga pridržao od pozadi. Bio je svestan da žene na divanu besno gledaju u njihovom pravcu, publika se vrti, pomera i stavlja u pitanje prekid, no, on nije obraćao pažnju na njih, i gazio je preko njihovih stopala, kolena i ramena, da pomogne pesniku da, posrćući, stigne do terase.

„Dosta", prostenja Nur. „Moram da legnem." Pokaži mi moju postelju."

Deven pogleda okolo ne bi li našao pomoć, znajući vrlo dobro da neće moći sam da ga tegli uz stepenice do poslednjeg sprata. Ugledavši ih kako posrću terasom, obavijajući ruke jedan oko drugog, neki mladići koji su sedeli u poslednjem redu, odvojiše se sa tepiha na kojem su sedeli i dođoše im u pomoć.

„Šta je to, sahibe Nur, zar ne uživate u proslavi rođendana Begum", zapita mladić, govoreći kroz nos, kao pevačica. Čak mu je lice bilo nervozno i napeto, kao njeno. Mora da je ona rasporedila svoje rođake među publiku, da prednjače u pljeskanju. Deven je znao za taj uobičajeni trik. On ga besno pogleda i ne dade mu Nurovu ruku.

No, Nur je stenjao: „Umoran – hoću" – i zastade, gledajući okolo, bespomoćno. Na Devenovu sreću, prljavi mangup koji ga je služio spusti služavnik pun zemljanih šolja čaja koje je delio okolo i dođe mu u pomoć. Zajedno poguraše starca koji je hripao i žalio se, uz stepenice, do sobe na terasi. Bilo je to dugo vučenje, bolno i često na ivici nemogućeg, no, kako se oba glasa digoše i spojiše u frenetičan kreščendo, nagon da pobegnu postao je toliko jak, te im je pomogao da se ispnu na taj nemogući nivo. Mada su noćne predstave u obližnjem bioskopu bile u punom jeku, njihove pesme, dijalozi i pucnji revolvera, pojačani i prenošeni preko krovova, ulica i bazara, činilo se da je ovde tiše zato što tu nije bilo nikoga. Zavese i zastori bili su spušteni da zaštite od groznog električnog osvetljenja, i soba je bila mračna kao jazbina.

Spustiše Nura na njegov krevet, a on se svali na njega kao mrtav. Dečak iščeze u jedan ugao i ponovo se pojavi sa uobičajenom Nurovom čašom, punom do vrha. Nije pitao da li i Deven želi čašu, a Nur, izgleda, nije ni primetio propust. Predstava u prizemlju čak mu je i gostoprimstvo isterala iz glave.

Deven sede na stolicu od trske, na kojoj je sedeo prilikom prve posete, sagnuvši se toliko da ne gleda kako pesnik pije i pije. Zatim, obrisavši usta i zabacivši glavu na visok jastuk, Nur uzdahnu: „Rođendani, mislio sam da smo završili s njihovom proslavom kad smo postavili nadgrobne spomenike duž staze života. Ko želi da pročita datume urezane na njima? Ali, ženska sujeta – oh, sujeta! Ne može da se propusti prilika da se sakupe, venci, pokloni, aplauz, da se privuče pažnja. Čak ni prilika da se postavi još jedan nadgrobni spomenik." Poče tužno da se smeje, a Deven pročisti grlo, ne znajući da li je pristojno da doda sopstveni banalni komentar o tome. On je odavno prestao da broji godine i kad bi ga zapitali koliko mu je godina, morao je da zastane i izračuna: da li mu je trideset-dve ili trideset-šest.

„Znaš", reče Nur, i iznenadi Devena, uperivši jedno oko na njega i progovorivši čistije: „Ona nije bila uvek ovakva. Kad je tek došla u moju kuću, bila je srećna samo da sedi u uglu i sluša. Rekla mi je da piše stihove – ali nije htela ni da mi ih pokaže. Rekla je da želi samo da sluša – i uči od mene. Otpustila je mog sekretara. Imao sam tad sekretara, ali ona je rekla kako želi da radi za mene, i zato ga je otpustila." Zatvorio je oči, i smejao se ćutke, razvukavši usne, pa mu se ukazaše obojene desni i pokvareni zubi, kao maska u raspadanju. „Vidiš, u početku su takve, kad ste zajedno sami. No, došli su drugi – da slušaju mene. Oni su hteli da čuju samo moju poeziju. Na nju nisu obraćali pažnju. A ona nije bila navikla na to. Eto tako je počelo..." Mahnu rukom u pravcu predstave, dole u dvorištu, sad glasne zbog bubjeva i harmonijuma, dostižući najvišu tačku u noći. „Vidiš,„ to je ona, u stvari, želela. Ovu kuću – moja kuća je pravo mesto za to. Pravo mesto – a ne kao njena kuća koja je bila kuća za igračice, vidiš – mada je ona bila baš čuvena zbog svog pevanja. Ona je bila na vrhu, kad sam je upoznao" – mumlao je, još uvek zatvorenih očiju. „No, nije bila tim zadovoljna, želela je moju kuću, moju publiku, moje prijatelje. Izvršila je raciju moje kuće, pokrala moj nakit – onaj što sad nosi dok sedi pred publikom, prikazujući ga kao svoj. Nije njen, *moj je*. A otpustila je i mog sekretara." On viknu, otvori oči veoma široko i pruži čašu da bude ponovo napunjena. Držeći se blizu ograde, on poče da psuje žene najprljavijim izrazima koje je mogao da sastavi u svom nerazgovetnom govoru i razvodnjenom sećanju. Mračna soba mirisala je na – prljavu zloupotrebu, trule desni, alkohol, suviše mnogo godina i suviše nemoćnog gneva.

Devenu se ovo nije dopadalo isto onoliko koliko mu se ranije nije dopadala žena i njeno pevanje. To nije bio odgovarajući predmet razgovora, niti odgovarajući jezik za jednog pesnika, niti je to bilo vredno jednog pesnika. Pokušavajući da to prekine, reče očajnički: „Murat-baj mi je rekao kako želite nešto da mi diktirate, gospodine, da imate nešto što biste želeli da ja zapišem" –

„Šta?" riknu Nur. „Još jedan pljačkaš? Pljačkaš? Lopov? Moraju li meni, ovako siromašnom, da skidaju s leđa dronjke ti lešinari koji ne mogu čekati da umrem? Alah – oh, Alah, poče da plače, bacakajući se, dok ne dođe služinče, ljutita pogleda, i uze mu čašu da je ponovo napuni. Zatim leže na jastuke, držeći čašu pod bradom, i pogleda prepredeno na Devena da vidi kakav je utisak ostavio njegov ispad. „Šta ja imam da ti dam, moj prijatelju. Ništa, kažem ti, ništa. I ja sam sad prosjak, sav moj nakit je ukraden." On iznenada urliknu kao životinja, od čega se Deven ukoči.

„Poslali ste mi kartu i pozvali me", podseti ga Deven prekorno. Nov, snažan zvuk njegovog glasa učini da pesnik prekine svoju žalopojku i nekako je pretvori u smeh. „O, da, da – može biti. To je bilo onog dana kad sam napisao novu pesmu. Ne, nije nova, to nije istina, to je pesma koju sam davno napisao, u koledžu, onog dana kad je umro moj najbolji prijatelj, a ja se iznenada setio prva četiri reda. Tad mi se sve vratilo" – dlanom prevuče oči, kao da briše stakleno okno – sve se vratilo – njegova groznica, kako je bio ushićen, kako je umro, dok je napolju baštovan polivao leje ruža crevom za polivanje, a ptica majna pevala pod mlazom vode, a on nije mogao da čuje, a ja sam mu govorio da sluša – i hteo sam da neko to zapiše za mene, dok sam pokušavao da se svega setim.

Deven se nađe na kolenima, pored kreveta. Skliznuo je sa svoje stolice i klečao pored pesnika. „Ja ću to sad napisati", hrabrio ga je, „ako hoćete da mi je izrecitujete."

Nur je razmišljao dugo o tome, njegove neprozirne oči okrenuše se unutra, dok je pijuckao svoje piće. Zatim mu se oči zakolutaše, a jedno oko kao da mu ispade iz crvene duplje i upravi se prema Devenovom licu u iščekivanju. „Imam mnogo pesama", promrmlja sa izvesnom lukavošću, „mogu ti reći mnogo – koje nisu zapisane, ili su zapisane, pa izgubljene. No, suviše sam star da ih lovim, suviše slomljen i smrvljen, da pronađem sve što je tamo – negde ovde" – on se postrance udari po glavi, od čega se ona zaklati. „Ali, ako bi se pojavila prava osoba, pravi čovek – ne Imtjaz-Bibi, neću joj reći, neću dopustiti da ih ona ima – potreban mi je neko drugi – i ako nađem nekog drugog da sedi pored mene i sluša, imaću mnogo da kažem", i poče tiho da se smeje u Devenovo lice. „Mnogo, mnogo da kažem", smešio se.

Deven je još uvek bio na kolenima, dišući teško, pokušavajući da smisli šta da predloži, kako da izvuče iz Nura što je najviše moguće, kad se začu zvuk šljapkanja papuča po pločicama poda terase, papirnato udaranje satina o brze noge, i Imtjaz-Begum umaršira, lica opustošenog, ruž i crni prah zamazali su joj lice od uglova očiju do uglova usta, kose ispale na ramena, ispod vela, u crnim smotuljcima, a dugi prsti grčevito su držali lepršavu, metalastu odeću, kao da hoće da je pocepa. Iscrpenost i bes bili su joj ispisani u svakom gestu i izrazu.

Nur odmah poče da se grči, usne da mu se puće, njegova čaša naže se i proli preko Devenovih šaka savijenih na ivici kreveta, kao da se moli. Deven, još uvek paralizovan u tom položaju, uđe u stanje u kojem nije mogao verovati sopstvenim očima i ušima, posumnja u svaki zvuk i sliku koji su ga napadali i kasnije, nikad nije mogao reći šta je video i čuo.

„Dakle, ovamo si došao da se sakriješ", poče ona, promuklim, iscrpenim glasom. „Kornjača koja zabija glavu u blato, na dnu jezera", rugala mu se. „Nisi mogao da se suočiš s publikom koja nije htela da te sluša. Nisi mogao da podneseš pojavu nekog drugog kako poezijom počastvuje mnogobrojnu publiku, poezijom koju si se ti nekad pravio da izgovaraš" –

„Pravio? Ja sam se pravio?" ječao je Nur, promuklo kao i ona.

„Tako je, i vidi šta mi je donela večeras, uzvikunula je, puštajući da padne kraj odeće, koji je grčevito držala, tako da se novčanice rupija prosuše po podu. Ni Nur niti Deven nimalo ne pomeriše glavu da pogledaju novac. Odvrativši oči od novca, kao od nečeg čudovišno zbunjujućeg, sedeli su ukočeno, dok je ona vrištala, „Ali! Ali! Dođi i pokupi ovo, i izbroj. Stavi to u kesu, i predaj svom gospodaru."

„Ne, Ali, ne dodiruj to!" viknu Nur, okrenuvši lice u stranu i zatvorivši oči.

„A kako ćeš da kupuješ svoje piće?" izazivala ga je. „Kako ćeš da platiš sve one flaše što ti ih Ali donosi iz dućana na ćošku? Znaš da si time upropastio svoj glas, svoju pesmu. Zato ne možeš da podnosiš moj glas, ne možeš podneti da me slušaš kako pevam, i zato si me uvredio što si ustao i napustio moju predstavu. Ti me *vređaš*.

Glas joj se podiže do takve visine, do rasprskavanja, i Deven diže šake do ušiju pre no što zidovi popucaju i krov se sruši na njih, ali sve što se dogodi bilo je da se zastor na vratima razmače, i neka žena uđe u sobu. Deven pogleda da vidi je li spas blizu i vide neko staro stvorenje, uvijeno u mrki ogrtač, bele kose, spuštene sa obeju strana lica. Lice joj je bilo zapovedničko, pravih linija, vojničke čvrstine. „Odlazi odavde, kučko", reče ujednačenim glasom, a u uglu se Ali smejuljio" – i ostavi starca na miru. Šta još hoćeš od njega? Uzela si mu ime, njegov dobar glas, a danas čak i njegove obožavaoce. Budi zadovoljna. Siđi dole, idi da igraš pred publikom, jer ti tako zarađuješ za život" –

Mlađa žena, koja kao da dobi srčani napad, skoči na nju, vrisnuvši. Nurova postelja stajala je između njih dve, i ona bi morala da preskoči njega i zgazi ga, da bi ščepala svog neprijatelja. Deven bi trebalo da ga zaštiti. On se nekako podiže na noge, okrete se, i pobeže.

„Morao sam da uhvatim autobus", objašnjavao je. „Poslednji autobus za Mirpor. Nisam mogao provesti još jednu noć u Delhiju, a da ne obavestim Sarlu. Ona se mnogo zabrine i" –

„O, Devene, *budalo*, mislio si o svom *autobusu* u tom trenutku? Umesto da si ostao da vidiš kako dve žene kopaju oči jedna drugoj preko tela velikog pesnika, kao što bi svako drugi učinio sve da ostane i bude svedok, ti trčiš da uhvatiš svoj *autobus*? Murat se zavali u stolici, dišući teško od užasa i smeha.

„Ne mogu to činiti iz noći u noć, žalio se Deven, tužnim glasom. Moram da mislim o svom poslu, o svojoj ženi i sinu. Ne mogu dopustiti da drame i predstave te porodice zauzmu ceo moj život."

„Čak i ako je to porodica pesnika Nura?" zapita ga Murat, s nevericom. „Moram ti reći, prijatelju, da sam očekivao od tebe nešto drugo. Mislio sam, zato što si se celog života divio njegovom delu, napisao knjigu o njemu, da si osetljiv na njegovu poeziju, njegov kvalitet" –

„Jesam, jesam", bunio se Deven. „Murate, naravno da jesam. Sve što sam napisao, sve što sam *mislio* bilo je pod Nurovim uticajem, uticajem njegove poezije. Samo njegov genije, moje poštovanje njegovog genija nateralo me je da dođem u Delhi i pristanem na intervju" –

„Slušaj, *ti* ne moraš da pristaneš ni na kakav intervju", prekide ga grubo Murat. „Sahib Nur treba da pristane na intervju." „Murate-baj", prekide ga Deven oštro, „ono što pokušavam da kažem jeste da će to biti nešto mnogo više od intervjua za časopis. On je spreman da mi pruži mnogo više od toga. Ne znam zašto, da li je video u meni učenika, stručnjaka, studenta, ili – ili je on sad toliko star, i smatra da je kraj blizu – ali, rekao mi je kako želi da ja učinim mnogo više od intervjuisanja. Voljan je da mi recituje svoju poeziju, nove i stare stihove koje nikad nije zapisao, a još uvek su u njegovoj glavi i biće izgubljeni ako se ne zapišu – on želi da ih ja zapišem. Mislim da mogu učinitii više, ako budem u stanju da to izvučem iz njega, ako budem imao vremena, mogao bi mi čak diktirati svoje memoare... ", glas mu zadrhta, utihnu, a na licu mu se pojavi pogled koji natera Murata da se zagleda u njega.

„Zaista?" zapita, kao da je najzad bio impresioniran. „Devene, bio bi to veliki događaj, veliki događaj u svetu Urdu poezije. Možda bih mogao posvetiti ceo broj tome – ceo broj posvećen delu Sahiba Nura" –

„Murate, biće to više no jedan broj časopisa. Može to biti knjiga", sijao je Deven. „Samo kad bismo imali vremena on i ja, da se sastanemo i sve to zapišemo" – On zastade, namršti se, zabrinuto. „No, kako? U tome je problem. Kako da dobijem odsustvo od koledža? Kako da sve to zapišem" –

„Snimanjem na traku", reče Murat brzo i odlučno. „To je odgovor: snimanje na traku."

Deven ga pogleda sa odvratnošću. „O čemu to govoriš?" obrecnu se. „Ti misliš da će to biti neka pesma za film, ili možda za radio? Snimanje na traci! Vi Delhijci i vaše velike ideje."

„Ti, seljački tikvane", uzviknu Murat. „Još uvek si u dobu štampane reči, hipnotisan Gutenbergom. Zar ne znaš da je s tim gotovo? Zar ne znaš da je pisana reč gotovo izumrla? Ako ne možeš dodati zvuk i sliku, neće ići kod publike. Publika hoće da vidi i čuje, a ne da stavlja naočare na nos i uči azbuku. Ovih dana, sve se stavlja na film ili traku. Zar to ne vidiš i ne čuješ, magarče?"

„Nemoj da upotrebljavaš sva ta imena životinja", reče Deven oštro, osećajući kako ga obuzima bes.

„U redu, u redu, zvaću te imenima cveća, ako hoćeš – samo slušaj. Nabavi magnetofon. Daj mu da pije – kupi mu flašu – i zahtevaj da recituje. Svako zna da njega treba podmazati, podmaži ga, i on će recitovati. Uključi magnetofon, sedi, i slušaj. To je sve. Imaćeš sve na traci, da ceo svet koji govori Urdu sluša, ne samo Nurove reči, već Nurov sopstveni glas." Podiže mu se glas u trijumfu što mu je tako srećna ideja iznenada pala na pamet, i on se nasmeja, čestitajući sebi. „Zatim možeš trake odneti kući i s njih skinuti diktat. To možeš da radiš kod kuće. Vidiš, to će rešiti sve tvoje probleme malog porodičnog čoveka. Snimi na traku Nurove memoare, odnesi ih kući, i transkribuj ih kad ti je volja. Tako ćeš, na kraju, imati i knjigu *Moji dani s Nurom Šahdžehanabadijem*. Kako ti se dopada naslov? Devene-baj, kad imaš glavu kao tikvu, živiš u polju, onda je bolje da dođeš nekome kao što sam ja, da dobiješ ideje, zar ne? Da li bi tebi takva ideja pala na pamet, među travom i zrnevljem tvog sela? Ne bi, meni moraš da dođeš po nju. Bar mi napravi kompliment time što ćeš se potruditi da izgledaš inteligentan, kao da si razumeo i osetio zahvalnost" –

„Murate-baj", priznade najzad Deven, „to je – to je sjajna ideja. Sjajna. No, snimanje na traku, magnetofon – kako? Odakle ću dobiti te stvari? Ja ga nemam. Nisam se nikad njim služio. Nisam još uspeo da kupim radio za porodicu, a ti mi govoriš da nabavim magnetofon i trake."

Murat lupi šakom o sto i ustade, odgurnuvši stolicu. „Pokušaj ponekad da koristiš sopstvenu glavu – daj joj malo vežbe – inače će zarđati. Je li toliko teško nabaviti magnetofon? Naći nekoga ko ume time da rukuje? Nabaviti nekoliko praznih traka? Zar nisi čuo da je ovo doba elektronike? Ili ta vest još nije stigla u Mirpor? Idi i pronađi", ruknu iznenada, „a onda dođi da me pitaš šta ćeš dalje."

GLAVA ŠESTA

Cele te sedmice u koledžu je godišnje prolećno čišćenje. Zidovi su oprani i okrečeni, podovi i hodnici počišćeni, crveni šljunak posut po prilaznom putu, a u odsustvu travnjaka i leja sa cvećem, stigli su kamioni sa cvećem u saksijama koje su raspoređene sa obe strane stepeništa, cveće je protreseno i poliveno, u nastojanju da izgleda sveže i nalik na šumsko. Čovek na lestvama odvrnuo je sve pregorele sijalice sa plafonskih lampi i stavio nove. Lice mu je bilo mrzovoljno jer je znao da će kroz nedelju dana i one biti ukradene ili ponovo razbijene. Neočekivano je pronađen nepotrošen novac, pa je kupljena hladnjača za vodu za studente i postavljena na kraju hodnika gde je bilo suđeno da curi i rđa, usred stalne bare, kroz koju su cipele studenata gazile i pretvarale je u tečno blato. Prvi grafiti istrugani su uoči godišnjeg sastanka školskog odbora. Niko to nije ni primetio, jer je te noći pomamna aktivnost dostigla vrhunac: prugasti platneni šator stigao je na kamionu, kao za svadbu, i podignut je na sportskoj poljani, tako da su ga sledećeg jutra ranoranioci, koji su izašli u šetnju, u teniskim cipelama, ili pošli po mleko sa zveketavim kanticama, videli kako se uzdiže iz peska, kao magični balon s crvenim, žutim i plavim prugama.

U senci šatora poslužen je čaj, u neuobičajen jutarnji čas, kad je završen sastanak odbora. Tačno u deset sati stigoše članovi odbora, kolima, svojim, ili onim koje im je koledž iznajmio za tu priliku, brzo i uredno se uspeše uz stepenice oivičene saksijama s cvećem, sklapajući šake i klanjajući se direktoru koji je stajao na dnu stepeništa, u tek očišćenom sivom odelu, a onda su nastavili da hitaju, kao važne javne ličnosti koje ne mogu ni trenutak da izgube. Nastavnici koji su imali slobodan dan, vrzmali su se po hodnicima, ne znajući zapravo kud da se denu. Morali su da prisustvuju. Svi će oni biti predstavljeni odboru posle sastanka, ali do tad, mogli su samo da se okupljaju oko dugačkih prozora prorezanih u zidovima terase, ogovarajući i šaleći se, kao što čine studenti drugim danima. Danas su studenti imali raspust, i otišli su, sem onih koji su živelu u domu. Nekolicina njih je izašla iz radoznalosti i zato što nisu imali išta bolje da rade, mada je to bilo sve o čemu su razgovarali: da ništa bolje nemaju da rade.

Najzad je važan posao sastanka odbora završen. Počeli su da izlaze članovi odbora, direktor, šef odseka za evidenciju, administrativno osoblje – opušteni sad, i smešeći se – kretali su lagano duž hodnika i stepenica. Morali su ih požurivati da dođu na čaj. Nije bilo učtivo žuriti, odugovlačili su, dok su oni što su čaj pripremili u šatoru čekali pored dimljivih vatri od ćumura, plehanih služavnika na kojima su raspoređene šolje s ružičastim cvetovima, tanjiri sa suvim biskvitima i tanjiri sa orasima.

U šatoru su dame ustale sa troseda rezervisanog za počasne goste, i sa običnih stolica, donetih iz učionica i poređanih duž triju strana za manje goste. Direktorova žena u novom sariju od japanskog najlona, ištampanog grančicama mrkih i ljubičastih cvetova izašla je sklopljenih šaka, da pozdravi glavnog gosta. Direktor se preznojavao dok mu je predstavljao svoju ženu (ona je prolazila kroz težak period života, i nikad se nije moglo znati šta može učiniti ili reći; preko noći se pretvarala od trome i tihe u nepredvidljivu. Posle jednog trenutka zabrinutosti dopustio je sebi da se osmehne – glavni gost zbijao je šalu o tome kako je ovo težak dan za dame koje su učinile mnogo da ovaj dan uspe, a njegova žena se nasmešila i rekla tačno ono što je trebalo da kaže, to jest, ne nikako, bilo je to zadovoljstvo. Sve je, dakle, u redu. Skloniše se u stranu od ulaza u šator da naprave mesta drugima koji su ulazili, nije više bilo potrebno da produže žeđ.

Začu se zvuk prskanja, prolivanja, zveketanja i klepetanja, šljapkanja i kikotanja, da čovek posumnja u ozbiljnost ovog godišnjeg događaja. Niko se od osoblja nije sasvim zaboravio – za to je bilo potrebno nešto mnogo jače od čaja s mlekom – i, malo su podrhtavali od mogućnosti da se dugačka ruka administracije ispruži i odvuče ih da budu predstavljeni nekom na visokom položaju. S vremena na vreme vadili su maramice, brisali lica, i preko ramena gledali da vide koliko su blizu bili ili koliko daleko od počasnih gostiju, ili, još važnije, od direktora koji je ipak bio neposrednije vezan s njima. Njihove učene naočare su blistale, nervozne ruke gladile kosu i pokušavale da se drže podalje od kutija cigareta u džepovima, stalno su pročišćavali grlo i uložiše savestan napor da potraže dame i budu razmetljivo ljubazni prema njima – činili su to, naravno, opušteno, kao da to čine svaki dan, bez razmišljanja. Zatim je donet služavnik s čajem, šolje podeljene, a zbog zvukova i pokreta koje su činili tom prilikom, počeše da liče na decu na plaži, ili tačnije, s obzirom na njihovu beznadežnu pohabanost, na decu koja zahvataju vodu na javnoj česmi.

Deven oseti kako taj preobražaj zahvata i njega, prijatno opuštanje, proces samozaborava, ali, kad shvati da je direktor odmah iza njega, on se ponovo ukoči, držeći limenu kašičicu uspravno u šolji čaja, zaboravljajući da čaj promeša, u strahu od ruke na svom okovratniku: poziv. Zatim, osetivši da ga gomila gura praveći prolaz za kraljevsku procesiju i ugledavši njihove potiljke dok su se kretali prema stolu, gde je direktorova žena stajala, smešeći se, ispruživši ruku ispod nabora mrkog i ljubičastog japanskog najlona i upravivši je prema posudi ljupko poređanih biskvita pored vaze ispunjene ljupkim nevenima koji su počinjali da venu, on se opusti, poče da meša kašičicom po šolji, i diže pogled da pozdravi svakog ko naiđe.

Sudbonosno, bio je to šef Urdu katedre, Abid Sidiki koji je, u skladu sa veličinom i ugledom te katedre, bio mali čovek čije je mladalačko lice bilo pre vremena natkriveno perjem bele kose, kao da označava sudbu njegove struke. Bilo je možda neobično da jedan privatan koledž, mali kao što je Lala Ram, ima katedru za

Urdu, jezik koji je gotovo izumro, ali, dogodilo se da potomci Lala Ram Lala nisu nasledili dovoljno bogatstvo da bi mogli opremiti sopstveni koledž, i morali su prihvatiti veoma veliku dotaciju od naslednika onog navaba koji je pobegao iz Delhija posle pobune 1857. godine, i sagradio džamiju, kao i neke najveće vile u Mirporu. Međutim, bili su potpuno odlučni da ne dopuste da se ime te porodice napiše iznad kapije koledža. Muslimanska porodica osetila se omalovaženom i zapretila da će povući dotaciju. Stoga je napravljen kompromis i obećano im je da će se osnovati katedra koja će održavati u životu njihov jezik, umesto porodičnog imena. Kako su bili zaokupljeni mnogo zanimljivijim stvarima, kao što je kupovanje zemlje, cementa i čelika i nuđenje finansijskih i drugih usluga od kojih bi se mogao izvući profit, vlasti koledža zanemarile su verovatnoću da će veoma mali broj građana Mirpora odlučiti da studira ili dopustiti svojoj deci da studiraju jezik, koji je osuđen na propast kad su Muslimani prešli novopovučenu granicu nove zemlje Pakistan. U stvari, da nije nekoliko muslimanskih porodica tvrdoglavo ostalo i imalo mlađe, da ih pošalje u koledž da studiraju Urdu, katedra bi ostala prazna, kao ćelija iz koje je osuđenik izvučen da bude obešen. Abid Sidiki sačinjavao je celokupno osoblje katedre, pa ipak teško da je imao ikakvog posla, kad je reč o broju njegovih studenata. Možda je zato bio sklon da hoda po prostoru koledža glave okrenute malo na jednu stranu, gledajući ispitivački oko sebe, kao ptičica u potrazi za skromnim crvom. To ga je činilo jednim od malo ljudi u Lala Ram Lal koledžu, od kojih Deven nije uzmicao. Okrete se da ga pozdravi s osmehom.

Uhvativši njegov pogled, Sidiki reče: „Sahibe Šarma, čaj na godišnjicu je bolji od svakodnevnog čaja, zar ne? Deven odgovori žustrim osmehom, pomislivši da bi se razgovor započet ovako vedro mogao završiti isto tako veselo.

„Čaj na dan godišnjice drukčiji je od svakodnevnog čaja u svakom pogledu", nasmeja se – u stvari, zakikota.

„Ne, nije to tipičan dan", složi se Sidiki, „služe nas orasima dame koje nas obično ne prepoznaju."

„A koje ni mi nismo spremni da prepoznajemo običnim danima", reče Deven, s nenaviknutim nestašlukom, dok je pružao ruku prema tanjiru sa slanim kešu orasima, pre no što ga odnesu izvan njegovog domašaja.

„Skupa hrana", reče žvaćući. „Kešu orasi su najmanje četrdeset rupija kilogram."

Sidiki pogleda za iščezavajućim tanjirom, pomalo tužno. „Teška vremena", složi se, promrmljavši, „teška vremena."

„Čak i na tvojoj katedri?" zapita Deven, s neočekivanom prepredenošću, čija ga originalnost uzdrma. „Ne govori ništa, Sahibe-Sidiki, ona može biti najmanja katedra u koledžu, ali je zbog toga bolja – najboljeg kvaliteta." „Kao kešu orasi?" nasmejao se bolno Sidiki. „Urdu postaje retkost – gaji se samo za izvoz u Pakistan ili u Zaliv. Jesi li čuo da je Faiz otišao u Bejrut da tamo uređuje jedan Urdu časopis?"

„Ali zašto?" Deven je izgledao zabrinut. „To neće pomoći stvar Urdu jezika. Zašto ne pisati za časopise u Indiji? Još uvek imamo nekoliko, Sahibe Sidiki, a to je dobra stvar koju treba podržati."

„Sahibe-Šarma, dobre stvari su takođe izgubljene stvari."

„Nisu, nisu, bunio se Deven. „Evo, vodeći Urdu časopis u Delhiju planira poseban broj o novoj Urdu poeziji – to sigurno neće biti izgubljena stvar."

„Koji je to časopis? Nadaju li se oni da će dobiti poeziju koju je vredno štampati?"

„Naravno", uzviknu Deven, šokiran Sidikijevim neznanjem i nedostatkom poverenja u sopstvenu stvar. „Čak – čak i Nur Šahdžehanabadi će imati u njemu neke svoje neobjavljene pesme. Biće to veliki događaj."

Sidiki podiže žbunaste bele obrve kad to ču, bio je očigledno impresioniran, a budući jedan od boljih članova nastavnog osoblja, nije se ustručavao da to pokaže. „Ako Nur Šahdžehanabadi stvori poeziju posle petnaest godina ćutanja, to će zaista biti veliki događaj u ovom malom svetu Urdu poezije. On je kit u kofi vode, uvek sam tako mislio."

Baš u tom trenutku, direktor i njegov gost, pošto su za stolom napunili šolje čajem i razgovarali s damama koje su se tamo načičkale, bezbedno, na drugom kraju stola, okrenuše leđa gomili i uputiše se ka tapacarinom trosedu i foteljama. Ljudi se povukoše da naprave mesta kraljevskoj sviti, a Deven se nađe gurnut u takvu blizinu Abida Sidikija, u kakvoj nikad dotad nije bio. To učini da se ponaša poverljivije jer su ih razdvajale samo dve šolje za čaj. Spustivši glas i govoreći mu na uvo, kao da je to neka tajna, on prošaputa: „A od mene su tražili da ga intervjuišem, pa da se s pesmama pojavi i intervju."

Sad se obe obrve podigoše u neverici. „Ti ćeš se videti s njim?" zapita Sidiki, s malom nevericom. Kad je Deven došao kod njega pre godinu dana kao perspektivni predavač, on nije otkrio ništa značajno u tom plašljivom mladiću. Sad se pitao, da nije pogrešio. „Ti ćeš da se vidiš s njim?"

Deven se nasmeši. „Bio sam u njegovoj kući više puta", objavi polako, da ostavi utisak i prvi put u svom životu oseti da ova prilika zahteva pompeznost, stanje kojem je uvek potajno težio. „Mnogo sam puta s njim razgovarao, u stvari, izvali nesmotreno, „možda ću napisati više no jedan članak za *Avaz* – možda ću napisati biografiju. On je čak rekao da će mi diktirati svoje memoare."

Sidiki takođe poče da se smeši. To je očigledno fantazija, da razveseli, ali da joj se ne veruje. I on poče da govori u šaljivom tonu. „Tebi? Aha. Pretpostavljam da je veliki pesnik došao u Mirpor i tražio od tebe da mu budeš zvanični biograf?"

Deven se uvredi. Bilo je jasno da se nije poverovalo njegovim rečima. Postade agresivan. „Kako bi se moglo očekivati da on dođe u Mirpor da vidi bilo koga?" bunio se. „Ja sam bio taj koji je posetio njega. Pitanje njegove biografije slučajno je iskrslo, ja to nisam predložio niti sam planirao – ali on hoće da ga neko sluša i zapiše njegove memoare."

Sidiki je spustio glavu do ivice šolje čaja, zamišljeno, kao ptica koja posmatra tačku u šolji, nagađajući da li to može ili ne može biti insekt. Nije bilo moguće videti njegov izraz lica kad je posle pet minuta ćutanja rekao, „Mislim da su se i čudnije stvari događale."

Deven nije znao da li treba da se smeje ili da se oseća uvređen. Šmrknu nekako, što bi moglo da znači i jedno i drugo. „Znam da mi ne veruješ, ali ću ti dokazati, videćeš."

„Uvek to možeš pretvoriti u delo mašte", prošapta Sidiki. „Nekoliko činjenica i malo fantazije, znaš već. Kažu da je to moderna forma u – drugim delovima sveta." Postade malo nejasan, njegove veze s tim delovima su slabe.

Devena to ujede. „Ja to neću da pišem, ja ću to snimiti na traku. Da, na traku. Tražim magnetofon. Urednik *Avaza* rekao mi je da nabavim magnetofon i sve snimim na traku. Tako se to radi danas – u drugim delovima sveta", dodade pomalo zajedljivo. „A jednog dana, kad sve to bude gotovo, pozvaću te da dođeš i slušaš. Tad ćeš videti da li je to Nurov glas – ili fantazija."

Sidiki bi zaista zainteresovan. Kad im je prišao da razgovara s njim g. Trivedi, šef biblioteke, on ga zaobiđe, i uzevši Devena za lakat, reče: „Sahibe Šarma – moraš mi reći više o tome – ovo je prvi put da sam čuo o biografiji na traci. Moraš priznati da se to ne čini u *našem* delu sveta. Molim te, šta je to – da li to doba elektronike ulazi u kraljevski dvor poezije, u kojem su nekad predsedavali Moguli? Reci mi, u čemu je stvar?"

U uglu, zaklonjeni iza motke koja je pridržavala prugasti baldahin iznad njihovih glava, Deven izbrblja celu priču, kao da je potekao mlaz vode iz česme koju je otvorila saosećajna ruka. Nije mario mnogo da li mu Sidiki veruje ili ne veruje, nije mu bilo stalo da ga ubedi, osetio je samo olakšanje što je u stanju da govori o tome i čuje mišljenje i komentare nekog drugog o nečemu što se čak i njemu samom ponekad činilo kao nemoguć projekt. Opisavanje nekom drugom davalo je tom projektu crte i dimenzije, izvesnu supstanciju i stvarnost, u koje je i sam ponekad sumnjao. Kad ga je Sidiki pomno saslušao, gladeći pritom svoju lopatastu bradu, i posmatrajući njegovo lice oštrim očima, svetlim kao u ptice, najzad reče: „Čudno, izvanredno čudno, Sahibe Šarma, no, istina je da se i čudnije stvari događaju." Deven se oseti dovoljno oslobođen od sumnji i oklevanja, bar za trenutak, i uzviknu, oduševljeno: „Sahibe Sidiki, zar neće to biti velika stvar za Urdu književnost? Zar ne misliš da će to svakog čitaoca Urdu jezika zanimati? A tvoja katedra? Zar neće i oni slušati trake? Možda ću napraviti kopije i poslati ih Urdu katedrama na svim univerzitetima u Indiji. Sahib Murat kaže da je veoma popularno u Delhiju – ljudi snimaju na trake muzičke recitale, recitovanje poezije, sve. Možda će tvoja katedra kupiti jednog dana kasetofon i biblioteku traka za svoje studente. I, kadgod zaželiš, bićeš u stanju da uključiš magnetofon – i čuješ pesnikov glas, kako recituje sopstvenu poeziju.

Sidiki zabaci glavu i poče da se smeje – ne podsmešljivo, nego u neverici. Smejao se radosno, kao dečko. Uhvativši Devena za mišicu, uzviknu: „Divno! Divno! Uistinu, svi naši pesnici postaće naše ptice pevačice. Moći ćemo da slušamo glasove *koela*, slavuja, svakog pevača koga poželimo" –

„Tako je, Sahibe Sidiki, zašto da se to ne predloži direktoru. Zašto da ne zatražimo da kupi za katedru neku opremu. Danas su sigurno razgovarali o budžetu za prošlu i iduću godinu. Zašto da im se ne predloži da dodele neke fondove, da se za tvoju katedru kupi magnetofon, trake i kasetofon, i započne elektronska era u našem koledžu?"

Smejali su se kao deca nekoj apsurdno smešnoj šali. Neki gosti, kao i osoblje, koji su ih čuli, okrenuše se da zure u njih. Ipak je to bila prilika u kojoj se poštovala izvesna formalnost, i malo se ljudi zaboravljalo do tog stepena kao ova dvojica u svom neadekvatnom skrovištu, iza zastavom obavijene motke, ispod *šamiane*. Nijedan od njh to ne primeti: isuviše su uživali.

„Sahibe Šarma, kako da se plašljivi zec kakav sam ja približi kralju Lavu, u njegovoj jazbini? I to još na dan kraljevskog *durbara*? No, reći ću ti šta možemo učiniti", dodade Sidiki, klimajući veselo glavom. „Hajdemo zajedno, i pokušajmo da sateramo u ćošak glavnog ministra kralja Lava, g. Džakala, i to njemu izložimo. Kao što kažeš, sad se razgovara o novom budžetu, i ovo može biti vreme kad g. Džakala možemo zateći dobro raspoloženog jer mu je blagajna puna."

„G. Džakala", zakikota se Deven, brišući lice, zagrejano i crveno. Počeo je da oseća kako halucinira: nikad u njegovom životu stvari nisu išle tako glatko, tako spontano, razne suprotnosti slučajno su se uklapale, bez plana i šeme. Tek je počeo da razaznaje šare na tabli pred sobom i otkriva pravce igre koju je započeo tako nepromišljeno i nepažljivo.

„Da, da, šef odseka za evidenciju studenata, naravno, on", smejao je Sidiki istegnuvši svoje male šake kao da su već potpisali ugovor i poziraju fotografima, i obojica prsnuše u smeh.

Smeh iščeze kad ga pronađoše kako sedi sam na drvenoj stolici, iza tapaciranog troseda i fotelja, potpuno izostavljen iz razgovora u četiri oka direktora i glavnog gosta, i u stvari, iz svakog drugog razgovora u njegovoj okolini. Gledajući sumorno u prazan prostor, i klateći nogu prekrštenu preko kolena, izgledao je sasvim izvan igre, neko ko ne pripada nijednoj katedri, i nema ulogu da igra.

Ali Sidiki je imao svoje razloge da mu priđe. Trljajući ruke, brzo mu priđe i uzviknu: „Kako ste, Sahibe Rai? Umorni od pisanja zapisnika? Umorni od svih onih diskusija o budžetu? Finansije su iscrpljujuća stvar."
„Ne, ne, nije nikako iscrpljujuće, nema finansija o kojima bi se moglo razgovarati", odvrati g. Rai, raskrstivši noge, i srdačno se nagnuvši. Izgleda da je bio srećan što su prekinute njegove usamljeničke sanjarije. „Odbor nas obaveštava samo o smanjivanju budžeta, a nikako o dodeljivanju novca. Tako stvari stoje."
„Sahibe Rai, to je loša vest", reče Sidiki, praveći preterane grimase kao neki glumac. „Evo nas dvojice predavača sa jezičkih katedara, dolazimo vam s poštenim zahtevom – a vi nam pretite smanjivanjem pre no što ste čuli našu molbu." „Sahibe Sidiki, ne pretim vam ja smanjivanjem, odbor preti nama", bunio se g. Rai, srećno se smešeći zbog ovog malog laskanja.

Deven je ostao u pozadini, šaka sklopljenih na leđima. Nije bilo baš jasno zašto Sidiki misli da je potrebno laskati sitnom koleškom činovniku baš danas, no, osećajući kako tu stvar treba da ostavi Sidikiju, jer on nije imao pojma kako se postupa kad se traže pare. A nije bio ni siguran kako stvari stoje na Urdu katedri, pa nije mogao predvideti kako će predlog biti prihvaćen. Potpuno je bio svestan da se fondovi spremno dodeljuju katedrama prirodnih nauka, da su one radže carstva u kojem se humanističke nauke ćuškaju u još prašnjavije ćoškove, gde tavore. Ako neka od humanističkih katedri privuče pažnju, obično je to ekonomija ili političke nauke. Jezičke katedre nisu smatrane vrednim finansijske pažnje izvan oskudnih fondova dodeljivanih biblioteci. Deven nije imao mnogo poverenja u status Urdu katedre, videći koliko je mala i nesigurna, jedva joj je dopušteno da postoji, i može biti da Sidiki zato nije osećao da se može obratiti nekome od značaja zbog nečega što se tiče samo te katedre, i izabrao da umesto toga razgovara s g. Raiom, koji se dosađuje. A možda je osećao da je bitno početi od poslednje lestvice, ako namerava da dospe do vrha. U svakom slučaju, ko je posmatrao Sidikijevu sjajnu predstavu, i slušao njegov izvrsno kitnjast jezik, nije mogao a da ne oseti malo nade.

Stajao je ukočeno, prstiju zgrčenih na leđima, glave spuštene s poštovanjem, dok je slušao njih dvojicu kako se sećaju grada Laknau – obojica su bili studenti na tamošnjem univerzitetu – i starih snažnih ličnosti Urdu akademskog sveta, kad oseti kako se jedna ruka obavi oko njega i povuče ga, te se nađe licem u lice sa Džajadevom, sa svoje katedre.

„Devene-baj, gde si bio prošle nedelje?" viknu mu Džajadev na uvo, dok ga je udarao po leđima. „I u nedelju pre prošle? A? Reci nam kud odlaziš svakog slobodnog trenutka. Znaš, posmatran si" –

„Pst", prošišta Deven, ljutito, ali Džajadev nije hteo da mu pusti ruku, i odvuče ga do grupe mlađih predavača i lektora, koji su jeli poslednje biskvite i orahe, i pili hladan čaj. Nisu hteli da ostave ni mrvicu, ni jednu kap. „Sahibe Šarma", viknuše, „dođi i priznaj – koja je ta divna lepotica u Delhiju koja te mami svake nedelje? Ceo koledž govori o njoj. Misliš da te nisu videli kako se iskradaš, a? Dođi i ispričaj nam" –

Kad je Deven najzad uspeo da se otkači od njih, okrete se u očajanju, i vide da su sofa, fotelja i stolica prazne, Sidiki otišao, g. Rai otišao. Umesto njih, stajala je njegova žena, skrštenih ruku, čekajući, lica utučenog od tuge i mrzovolje: nikad nije volela da se sretne s njegovim kolegama i njihovim ženama, pa je morao da je nagovara da dođe ovog jutra. Mršteći se, zapita: „Možemo li sad kući? Manu će biti gladan. Plakaće."

Deven je znao za razočaranje i antiklimakse, odlaganja i promene. Nije ga nikako iznenadilo što je neobičan uspeh njegovog razgovora sa Sidikijem, koji je od sumnje, neuobičajenom brzinom, prešao na interesovanje i oduševljenje, za nekoliko minita udario o kamenu neosetljivost i grubost njegovih kolega, koji su ih na silu razdvojili, i sprečili ih da nastave novo druženje.

Ono što ga iznenadilo bilo je pisamce od Sidikija, koje je doneo u njegovu učionicu jedan Urdu student sutradan dok je on predavao, i kratka rečenica naškrabana na njemu koja kaže da će ga g. Rai primiti u svojoj kancelariji u dvanaest sati.

Gledajući kako se taj red talasa, prekida i opet sastavlja na listu plavog papira, Deven oseti kao da vidi sve prave linije i zbijenu azbuku svog malog, oskudnog života, kako se talasaju, tope i utiru put talasu svežine, pokreta, čak kineze. U toj otvorenosti leže mogućnosti, vrh talasa iskustva probija se iz velike daljine, diže se, približava i glasno odzvanja u njegovom uvu. Šta se dogodilo s dotad potpuno statičkim i stagnantnim ustajalim vodama njegovog postojanja? Taj podsticaj nisu izazvali ni mala, naškrabana beleška, ni Sidiki, niti Rai, niti iko iz koledža: to je Nur, Nurova poezija i Nurova ličnost. Nur je izazvao ovaj proboj, ovaj nalet, koji nadolazi spolja, i tera ga da istupi i pođe mu u susret, zahtevajući od njega da mu se prelije preko stopala, popne uz noge do struka, a zatim do grudi, i najzad ga odmah odnese.

Zbog toga mu je korak bio nesiguran dok je žurio hodnikom do činovnikove kancelarije. Tu se talas zaustavi, udari o prljavi nameštaj od zarđalog čelika i proključa od osujećenja. No, bilo bi suviše nestvarno kad ne bi bilo nikakve male prepreke. G. Rai nije bio u kancelariji u dvanaest sati. Nakon što je Deven sedeo na stolici petnaest minuta, on ustade i zapita vratara da li zna gde je on. Naravno, bio je odgovor, on je na sastanku u direktorovoj kancelariji, on ne zna koliko to može trajati, Deven može da čeka, ako hoće – ili da ode. Vratar sleže ramenima, nagovestivši da je njemu svejedno, ali, načinom na koji je ispljuvao pikavac od cigarete, nagovesti da bi više voleo ako Deven ode. Čekao je – još uvek je mogao da vidi belu penu dalekog talasa, ne više veoma jasno, ali još uvek – dok ne bude vreme da ide na sledeći čas, zatim je otišao, pogrbljen od svog poznatog očajanja. Ipak, na putu kući, na kasni ručak, iznenada odluči da svrati kod g. Raia, i nađe ga u kancelariji.

Rai diže glavu sa svojih akata, bez osmeha, ali nije bio ni namršten, samo je iskrivio usta, što je činio svakog dana. „O, g. Šarma, evo papira koji je g. Sidiki tražio od mene da vam ga predam – odobrenje da se kupi audiovizuelna oprema za upotrebu na jezičkoj katedri. Molim vas, potražite ponude, one se moraju podneti pre no što se sklopi sporazum. Ovo je trebalo učiniti na najvišem nivou, ali g. Sidiki mi kaže da imate veze u Delhiju koje vam mogu pomoći da nabavite najbolju opremu. Možda toga ima više u Delhiju", priznade, a Deven se oseti gotovo ophrvan njegovom saglasnošću, Sidikijevom veštinom, uspehom celog ludog poduhvata, u koji se on jedva usuđivao poverovati. No, komad ružičastog zvaničnog papira bio mu je u ruci, jedva čitljiva kopija olovkom napisane direktorove beleške kojom se odobrava više nego kraljevska suma za „audiovizuelnu opremu." Istina, to je samo komad hartije, nije čak ni svežanj novčanica, što bi činilo stvar pouzdanijom, ali čak ni ovakva beleška nije nikad ranije došla u njegove ruke. Nije nikad sakupio hrabrost čak ni da zatraži zajam od svog direktora banke, a sumnjao je da bi se ikad usudio da uputi takav fantastičan zahtev koledžu, da to za njega nije učinio Sidiki. Šta je nateralo Sidikija to da učini?

Nur, naravno. Magično ime Nur Šahdžehanabadi, pomisli Deven, izašavši napolje na jaku svetlost. Bilo je to ime koje otvara vrata, menja izraze, čini da prašina i paučina iščeznu, vizije se pojave, okupane blistavošću. Ono ga je odvelo na puteve koji će ga povesti u drugu zemlju, drugi element. Da, sve ovo koleško zemljište, ova polja prašine, ove ograde od zarđale bodljikave žice, ove grupe neprijateljskih i podrugljivih mladih studenata, na kapiji i na autobuskoj stanici, sve će to biti ostavljeno, a on će se preseliti u svet poezije i umetnosti. Zatim se popravi: nije to Nurovo ime njemu donelo ovaj preobražaj, to je Nurov genije, njegova umetnost.

A Deven sad ima sredstvo da sačuva tu umetnost, tu poeziju, za potomstvo. Dodeljena mu je uloga života.
Prelazeći ulicu, Deven je šaputao Nurove sthove:

Povetarac ulazi, behar na grani širi miris.
Otvoren prozor propušta slatko godišnje doba,
                                     proleće.

Spotaknuvši se o gomilu savijene žice, Deven se skloni u ugao male radnje, praveći Muratu više mesta da se kreće, dok je probao radio-aparate, televizore, kasetofone, magnetofone, pojačala, za prodaju i zakup. Činilo se da je bio blizak s vlasnikom radnje, i Deven ih je pomno posmatrao, odlučivši da ih uhvati ako pokušaju da ostvare neku sumnjivu pogodbu koja ne bi bila dobra za njega, ili, bolje reći, za njegov koledž.

„Moramo biti veoma pažljivi", naglašavao je, dok je žurio kroz ulice Darja Gandža, za Muratom. „Samo najbolja oprema, Murate, ne dozvoli im da te prevare. Znaš li išta o magnetofonima? Zar ne bi trebalo da se posavetujemo s nekima?"

„Slušaj", reče Murat, zastavši na pločniku i podbočivši se. „Znam jednu stvar o magnetofonima, njihovu cenu. A znam da je ono što je tvoj koledž pristao da plati dovoljno samo za najjeftiniji i najgori model. Molim te, reci mi kako te ja mogu uvaliti u išta gore no što je to?"

Deven je bio toliko uvređen, te ne reče ništa više, nego se zlovoljno poče da gura kroz gomilu kupaca u subotnje poslepodne. Malo se umirio uvidevši, kad su ušli u radnju, da se Murat ne ponaša kao da može kupiti samo ono što je najjeftinije i najgore. Nasuprot tome, ponašao se kao da ima neograničene fondove na raspolaganju, i vlasnik bi mudro učinio ako bi poklonio posebnu pažnju ovako važnom kupcu. Vlasnik kao da je dobro poznavao Murata: njegovo ponašanje bilo je neprijatno familijarno. Čak im je prstima ponudio betelovo lišće. Deven se namršti i odmahnu glavom, odbijajući, ali Murat uze dva lista, strpa ih u usta, i žvakao ih je sa zahvalnošću, ispuštajući težak miris njihovih sastojaka u već zagušljiv vazduh.

„Najnoviji model – pokaži mi najnoviji model", reče, punih ustiju, i opet se okrete policama i tezgama.

„Sahibe, ako tražite najnoviji model, zašto dolazite kod mene? Zašto ne idete u Hong Kong, Singapur ili Manilu. Vi ste imućan čovek, vaš otac je Kralj kašmirskih tepiha, bogat čovek, on vas može tamo poslati. Zašto ne učinite ono što čini svako danas? Pođite na luksuzno krstarenje na Daleki Istok, i vratite se s najnovijim modelima, jedan za vas, jedan za mene?" njegov okrugli stomak poskakivao je od smeha, ispod ružičaste košulje i kaiša od zmijske kože.

„Mi nismo spremni da platimo visoke cene", reče Deven nervozno, iz svog ugla.

Vlasnik ga prezrivo pogleda."Nećete visoke cene? A kako onda mislite da dobijete skupu robu, a?"

I Murat se nasmeja. On i vlasnik namignuše jedan drugom, smejući se. Deven se namršti.

„Hajde da pogledamo na drugom mestu, Murate", reče ljutito, no, umesto da odu, Murat sede na stolicu za rasklapanje pored vlasnikovog stola.

„Sedi, Devene-baj", reče, uz odsečan pokret betelom obojenih prstiju. „Ja sam već razgovarao sa Sahibom Džainom. On tačno zna šta ti je potrebno. Njegov nećak doneće nam najbolji model, polovan, u odličnom je stanju, kaže Džain. Sedi dok on dođe. Zašto nećeš?"

„Šta kažeš?" promuca Deven, ukočivši se pri pomisli na Muratovu najnoviju prevaru. „Ti si to već udesio sa g. Džainom? Odakle taj model dolazi? Zašto polovan? Neću da kupujem polovnu robu, ona će se raspasti, zadavaće nam nevolje" –

„Sahibe, kažeš da hoćeš najbolji model. Dajem ti najbolji model, jeftino. Kako taj model može biti nov?" Vlasnik i Murat ponovo razmeniše poglede, ne namigujući otvoreno.

Deven se ljutito uputi vratima. Put mu prepreči mladić koji uđe sa velikom kartonskom kutijom u naručju.

On se nasmeši na Devena preko kutije, veoma izveštačeno. „A-ha!" viknu g. Džain, „eto stigao je i Čiku. Molim vas, upoznajte se s mojim nećakom Čikuom, on će vam biti od velike pomoći."

Deven nije mogao drsko da ignoriše Čikua. Sačeka da Čiku spusti kutiju na sto, i najpre se rukuje s Muratom, zatim s njim, dok je lice g. Džaina sijalo od ujačkog ponosa. Kad je to bilo gotovo, posao kao da je bio zaključen, i više se ništa nije moglo učiniti, sem da se čekaju posledice.

Pobeđen, stajao je pored stola, oslanjajući se na ivicu, i vireći očajnički u kutiju. Ostala trojica, kao da nisu nimalo delila njegovo predosećanje. Kad je Čiku ponosno izvadio aparat, ostali su ga gledali ushićeno, uzvikujući kad su proverili da je to zaista ono što je g. Džain obećao, japanski model. Japanski: šta može biti bolje?

„Japanska roba znači bofl roba – kvrc – ona ti se lomi u rukama", reče Deven, sumorno.

„Pobogu, Sahibe, šta to govoriš? O predratnim danima? Ratnim? Nisi čuo o japanskom napretku? Oni su vođe u industrijskoj proizvodnji, Sahibe, vođe. Tako bi star narod. Kad bismo mi imali tako pametne ljude u našoj zemlji – ehej! – kakav bismo napredak videli! I mi bismo mogli biti bogati, prijatelji Amerike. A gledaj nas – avaj", kukao je, ali kratko, onda brzo nastavi, „Pogledajte sad ovaj model. Čiku, pokaži im ga."

Ali, Deven okrete lice i spusti se na stolicu, odbijajući da pogleda, i ostavljajući Muratu da pregleda ono što je već bilo kupljeno, jer mu se činilo da su njih trojica o tome razgovarali i odlučili između sebe, ne savetujući se s njim. Znao je da sve što kaže neće njima ništa značiti, a zatim, šta bi mogao i da kaže? Nije znao ništa o elektronici, nije imao ništa da doprinese razgovoru koji se odvijao, a oni su to znali. Naravno, izgledalo je da ni Murat ništa ne zna. Nakon što je, sijajući od zadovoljstva, pogledao neraspakovani aparat, jednostavno je otresao ruke od prašine kao da je posao povoljno završen, i uzviknuo: „Vrlo dobro, vrlo dobro. Dobar je kao nov, Sahibe Džaine, a još je i japanski. Devene, ovo je aparat koji će ti pomoći u tvom projektu. Bolji je od sekretara ili daktilografa, ili čak od oba zajedno. Zašto si tako ljut? Dođi bar i pogledaj ga, i slušaj šta će Čiku da objasni" –

„Ne znam ništa o magnetofonima, i ne znam kako da ih upotrebim. Kakva je korist od gledanja?" durio se Deven.

„Ali, Čiku će pomoći", uzviknu g. Džain, obgrlivši Čikua preko ramena. „On će vam biti tehnički pomoćnik, baš je završio kurs elektronike u Seti školi za Elektroniku na Konat Trgu. Radio je u radnji za opravke mog rođaka u Gaziabadu, i došao u Delhi samo da uči, je li tako, Čiku? Dali su mu čak i diplomu, je li tako, Čiku?" Stezao je dečaka kao da je sunđer.

Dečak klimnu glavom i ukloni kovrdžu uljem umazane kose sa svetlog, crno oivičenog oka. Murat ga odmeri pogledom – činilo se da ga ne poznaje dobro kao g. Džaina – a Deven uhvati taj pogled. Okrete se u očajanju. „Šta je sad ovo, Murate?" prošišta kroz stisnute zube?

„Sve je u redu, Devene, to je tebi potrebno – tehnički pomoćnik", uveravao ga je Murat, ali ne baš s potpunim poverenjem. „Objasnio sam Sahibu Džainu celu situaciju – cilj ovog posla. Tako ozbiljan, tako važan cilj. Sve sam mu objasnio. Tebi je potrebna tehnička pomoć, je li tako? Evo mladog čoveka, lično ga je izabrao Sahib Džain, da ti pruži tu pomoć. Ti treba samo da javiš kad budeš spreman da upotrebiš aparat, i on će doći. Daj mu adresu koju hoćeš i vreme kad to hoćeš, i on će biti tamo, je li tako, Čiku?" Čiku klimnu glavom, ali nekako sumnjičavo. „Sad više nećeš morati da brineš o tehnikalijama, o svim tim problemima. Moći ćeš da se usredsrediš na intervju, na tvoj razgovor s pesnikom, je li tako? Devene, sve će biti u redu." Ipak mu je glas bio pomalo usporen i zamišljen.

GLAVA SEDMA

Vreme i mesto: osnovne stvari ostavljene su Devenu da ih podesi prema svojim mogućnostima. Vreme i mesto tiču se svih kojih su rođeni i svih koji umiru: smatraju se pogodnim temama za slabe i nesposobne. Deven je morao da sebe ograniči na ta dva elementa, vreme i mesto. Niko, izgleda, nije shvatao da za njega te teme pripadaju večnosti, i izazivaju u njemu veće strahopoštovanje nego pojedinosti tehničke organizacije.

Niti je iko znao koliko je hrabrosti bilo potrebno da se ponovo provuče kroz uska drvena vrata u uličici, s namerom da požuri uz stepenice do poslednjeg sprata kuće, i tamo nađe Nura samog. Deven je pažljivo izabrao čas kad je mogao očekivati da on nema posetioca.

Zato je bio zapanjen kad je ugledao dvorište puno ljudi. Jedni su žurili gore-dole stepenicama, hodali po terasama koje su okruživale dvorište, svi zaposleni i napeti, ali tihi. Samo je negde neko dete plakalo, mrzovoljno cvileći, a neko je pokušavao da ga umiri, zveckajući zvečkom, ili udarajući u daire, da ga zabavi, i ne uspevajući u tome, samo je povećavao atmosferu nesklada. Niko ga nije zaustavio, niti obraćao pažnju na njega dok se šunjao uz stepenice, glave pognute, s poštovanjem – većina prisutnih bile su žene, mada je bilo i nekih mladića koje je video prilikom svoje prve posete, obučenih manje formalno, u pidžamama i *kurtama*. Tumarali su okolo, besposleni, kao da su čekali čas kad se mogu popeti stepenicama do Nura. Ovog puta, ostavljali su utisak da nisu posetioci, nego članovi porodice, da tu pripadaju, makar samo izdaleka. Stigao je do Nurovih vrata na kojima je, kao i obično, visio zastor od bambusovine da štiti od letnje svetlosti. On se nakašlja da objavi svoje prisustvo, i laknu mu kad ču duboko stenjanje iznutra, što on shvati kao dozvolu da dođe. Kao i uvek bilo mu je potrebno nekoliko sekundi da mu se oči, do malo pre izložene jakom suncu, priviknu na težak mrak u sobi obloženoj zelenim pločicama i zatvorenoj zavesama. U tim sekundima mogao je čuti teško, naporno disanje, za koje je znao da je pesnikovo. Bilo je čudno kako su spušteni zastori štitili sobu, ne samo od svetlosti, nego i od buke, tumaranja, čak i od zvukova domaćinstva. Deven pomisli da je tišina, poput bačenih čini, još jedan dokaz Nurovih magičnih moći. Trenutak kasnije on otkri pesnikovu neutešnu figuru, zgrčenu na ivici divana.

„Sahibe Nur", promuca Deven, ponovo ophrvan sopstvenom drskošću, što se pojavljuje pred tako velikim čovekom, i pesnikovom ljubaznošću, što mu to dopušta. Kako je moguće ne postati *čela*, učenik, kad si u prisustvu takvog neospornog *gurua*?

„Jesi li to ti, Devene?" prošaputa starac, plašljivo. „Jesi li čuo? Došao si jer si čuo?"

„Ne, Sahibe, nisam čuo", reče Deven nervozno, čudeći se kakav li je to nov i strašan element stupio na scenu kad on nije gledao. „Ja – ne znam" –

„Da je ona mnogo bolesna? Imtjaz Begum? Leži bolesna u svojoj sobi i nijedan doktor ne može da joj pomogne?" stenjao je Nur, trljajući čelo o dlan ruke, kao da je suočen s velikom dilemom svog života.

„Oh?" reče Deven, pokušavajući da zvuči preneraženo i uplašeno, a u stvari se razvedri od brzog olakšanja. „Je li istina? Je li vrlo – vrlo –?"

„Vidiš šta je ispalo od pogrešne proslave njenog rođendana? Nisam to nikako želeo – ja sam sujeveran, ali ona je navaljivala, i pokazalo se da je to za nju bilo suviše. Vidiš, ona nije jaka. Nikad nije bila vrlo jaka, i lako se slama – pod naporom" –

„Naporom?"

„Da, da, *strašan* je napor – suočiti se s publikom, izvoditi pred njom – prema standardima koje je sama postavila. Slomila se te iste noći", balavio je sebi u šaku.

Deven je, pun poštovanja, stajao kod vrata, ruku sklopljenih pred sobom, no, dozvolio je sebi pomisao da je verovatnije od batina koje je dobila od starije žene, starije supruge – nastupio taj slom. Nije mogao potpuno da uguši radost, čuvši ko je izgubio bitku. Srećom, soba je bila toliko mračna da je mogao sakriti svoj izraz lica. Pa ipak, taj mrak činio je da balavljenje starca zvuči još patetičnije, kao plač deteta noću. On pažljivo priđe da ga uteši.

„Možda", prošaputa, „možda je to samo prolazna – prolazna bolest. I moj sin ima temperaturu. Doktor kaže da je to virus. Možda je i Begum bolesna od virusa."

Za svoje olakšanje, Nur kao da je bio rad da prihvati ovo prozaično objašnjenje. „Misliš da je to? Misliš da to može biti?" zapita odmah. „Onda ćemo je odvesti u bolnicu. Ja to želim – govorio sam da mora ići – bolesna je već toliko dana – od one noći" –

„Od one noći?" ponovi Deven, likujući.

„Ona propada, jadna žena. Ona ne jede, odbija da jede ako je ja ne hranim, kašiku po kašiku, a čak ni tad neće da proguta više od nekoliko kašika. Svima sam im rekao – stalno im govorim da ona mora u bolnicu" –

„Sahibe Nur, to je izvrsna ideja!" uzviknu Deven, ushićeno, suviše glasno: nije mogao odoleti. Pomislio je kako će to preteće prisustvo biti uklonjeno iz kuće, ostavljajući Nuru i njemu da sprovedu snimanje intervjua na miru, bez njenih zlih prekidanja. Činilo se to kao komad čistog zlata, takva sreća koju nikad ranije nije imao. Prirodno je što nije mogao da uguši taj svoj uzvik.

Nur ga uguši umesto njega. „Ona, naravno, neće pristati", stenjao je. „Odbila je, ona plače i jauče kad dođu da je odvedu u bolnicu, a onda joj se popne temperatura. Juče je bila 38 stepeni. Uz to, ima proliv. Toliko sam se uplašio da sam ih molio da je ostave. Rekao sam im da ću je ja negovati – a ona je plakala u mom naručju kad sam to rekao, znaš, plakala u mom naručju" –

Deven se povuče, mršteći se, prilično nestrpljiv zbog starčeve slabosti i lakovernosti. Možda bi bilo dobro da mu da jako piće, da ga učini svesnijim svoje moći, svoje individualnosti, obaveza i svog poziva. Pogleda po mračnoj sobi ne bi li spazio flašu, služavnik i čašu. Kako nije mogao da ih nađe, odluči da pokuša da odvrati pesnikovu pažnju od te tužne teme. No, on je imao malo dara za držanje govora, za razgovor, malo prakse u tome, i znao je samo kako da nezgrapno nabasa na ono što hoće da kaže. „Sahibe Nur, sećate se kako sam vam govorio o specijalnom broju o Urdu poeziji u *Avazu*? Nadao sam se da ćemo danas – jer sam došao rano – biti u stanju da malo razgovaramo" –

Nur prestade da trlja nos o dlan ruke, i proviri kroz prste u Devena. Deven nije mogao da razazna da li je to sa zanimanjem ili sa zaprepašćenjem, zato nastavi, „Nadao sam se da ćete mi pokloniti malo vremena, i da možemo početi" –

„Da", promrmlja Nur, spuštajući šake na kolena, ispravljajući leđa, i potpuno se umiri. „Svakako je vreme da počnemo. Pre no što nas Vreme pretvori u prašinu moramo zapisati našu borbu protiv njega. Moramo urezati naše ime u pesak pre no što talasi naiđu da ga počiste, i načine ga delom okeana. Baš juče sam mislio o jednoj svojoj staroj pesmi koju sam napisao u danima kad sam bio student, kad sam gladovao, kad sam se suočavao s istom izvesnošću da ruka vremena silazi da me smrvi kao muvu, i setio sam se tih stihova. Nikad nisu bili objavljeni – no, svi su mi se vratili, i ja sam hteo da ih zapišem. Kad bih imao samo svog sekretara, onog sirotog dečaka. Kad bih samo imao vremena" –

„Sahibe, molim vas, dajte mi malo vašeg vremena", molio je Deven upornim šapatom. „Ja ne mogu da zapisujem diktat, nisam naučio stenografiju, ali sam nabavio magnetofon, tako da se vaše recitovanje može snimiti. Neće nam biti potrebno da pišemo pitanja i odgovore. Ja ću uključiti aparat, a vi ćete recitovati i govoriti, reći sve što želite, o čemu kod hoćete i to će biti snimljeno na traci, da svako čuje" –

Starac se mrštio, pućio usne usred zamršene brade. „Kažeš, snimanje? Traka – kao u bioskopu? Za pesme?

Nisam ja od onih pevajućih pesnika, izvođača na svadbama i festivalima" –

Deven se spusti na stolicu pored kreveta, i pripremi se da objasni ono što je znao o tehnici snimanja na traku. Iznenada shvati – Nurova pobuna učini da to shvati – kako se poduhvata nečeg o čemu zna veoma malo, a što treba da se uradi profesionalno, ako se uopšte radi, a ne kao što bi to činio diletant koji sebi ugađa. Ako to zaista treba da bude na profesionalnom nivou, treba da se to radi u studiju, i da to rade stručnjaci. Čudnovato – pomeri se neudobno – da niko, ni Murat, ni Sidiki, ni Džain, niti Čiku nisu nikad spomenuli studio. Zašto su mislili da on, koji jedva zna kako da otvori radio, može da uradi posao tako visoko specijalizovan. Uhvati ga strah da je potpuno nepodesan za taj projekat, da je on pogrešan izbor. Očigledno, to nije posao za amatere, a on je manje i od toga. Taj posao ima mnoge aspekte, neki su književni i umetnički, neki, tehnički. Ko je on da ih sve kontroliše i sve ih složi tako da budu dostojni pesnika i njegovih stihova od vrednosti za univerzitete i studente, koji na njima studiraju njegovo delo. Gde da se nađe takav stručnjak? Tu je samo on, potpuno nepodesan, nekompetentan i nesamopouzdan. No, sad je bilo kasno povući se. Moraće da se napregne kao nikad do sad, da bi dospeo do cilja za koji nije bio ni pripremljen niti kvalifikovan, i da potpuno iskoristi sve sposobnosti, koje je imao, da bi postigao nešto vredno njegovog junaka. No, kakve su njegove sposobnosti? Kao mušice, iščezavaju u senku, pošto su ga prvo namučile, a onda se povukle i nestale.

Nervozno šireći šake, pokušavao je da ubedi i sebe i Nura. „Ako bismo mogli provesti nekoliko mirnih jutara zajedno, u ovoj sobi, ako biste mi dali vreme kad bismo mogli biti neuznemiravani – mogao bih doneti magnetofon i dovesti svog pomoćnika, koji će njim rukovati – a vi biste mogli da govorite, ili recitujete, kako vam je volja. Ja bih možda počeo s postavljanjem nekoliko pitanja o vašem životu i radu, i vašim idejama, a vi biste mogli da odgovarate na ona koja izaberete, kratko, ili dugačko, baš kao da pišete svoje memoare. Ako više volite, možete, umesto toga, recitovati svoju poeziju i sve će to biti snimljeno na traci. Kasnije ću ja to odneti, redigovati i pripremiti za članak u *Avazu*, ili vaše memoare, ili nov tom stihova, sve što poželite. Za to će nam biti potrebno samo nekoliko sastanaka. Ako možete da mi kažete kad je to moguće" –

No, nakom što je slušao, veoma napeto i pažljivo, spusti glavu sasvim blizu Devenove, i, kao da razmišlja o tome veoma ozbiljno, starac odmahnu glavom i povuče se, uzdišući, „Ti ne znaš šta govoriš. Ja, da recitujem priču svog života, ovde, u ovoj kući, kad je ona toliko bolesna, tamo u svojoj sobi?" On pokaza na sobu s druge strane dvorišta. „Ona će to čuti – to će je uznemiriti – a onda, znaš, ona želi da ja više ne recitujem."

„Zašto?" planu Deven, besno, zabadajući prste u ivice divana. „Zašto vam ona neće dozvoliti da recitujete svoju poeziju, kad je ona recitovala svoju – javno? Mi smo svi došli da čujemo *vas* – ljubitelji poezije su došli da čuju *vas* – zašto vas je zaustavila?"

Nur poče da pravi grimase od straha. „Pst, pst", šištao je na Devena. „Ne govori tako, čuće nas. Meni je zabranjeno. Ti ne razumeš. Ona je u pravu – potpuno je u pravu – ja samo pravim budalu od sebe – ja sam starac, moje vreme je prošlo – i svet se smeje, ili mu je dosadno. Oni žele nešto novo i mlado, vidiš" –

„*Ko* vam je to rekao?" uzvikno Deven, strasno? „To je laž. Mi svi dolazimo u ovu kuću da čujemo vas – samo vas – vašu poeziju mi volimo, Sahibe Nur."

„Ne viči! Ti si lud, čuće te", vikao je pesnik, bacakajući se u strahu. „Bolje će biti da odeš. Rekao sam ti – to je nemoguće. Ne, ne, ne možemo – molim te izbaci iz glave tu misao – nemoj više da mi govoriš o tome", i on začepi uši rukama i odbi da sluša.

Deven skoči na noge, stolica mu odlete od ljutine. Bio je tako blizu! Bio je tako blizu da ubedi, ne samo pesnika, nego i sebe, što je bilo gotovo još teže, a sad –

„Sahibe, Nur", poče, kad se bambusov zastor u vratima podiže i uđe Ali, govoreći, „Sahibe Nur, Begum vas zove. Ima nešto da vam kaže, veoma važno, hoće vas." A onda, buljeći u Devena, dodade, „I vašeg posetioca, ona hoće i s njim da razgovara."

Deven i Nur razmeniše divlje poglede. Kako je znala da je on ovde, kad se on šunjao tako tiho i tajno? Zar je svako u ovoj kući špijun, postavljen da drži na oku pesnika? Deven shvati da ne dolazi u obzir intervju ili snimanje na traku u ovom gnezdu njenih špijuna, gde ne bi bili bezbedni ni trenutka od njene ljubomore ili osvete – ako su to zaista, kao što se čini – njeni motivi u proganjanju njega.

Ako su u tom trenutku slične misli prolazile kroz Nurovu glavu, to se nije moglo pogoditi. U starčevom držanju videla se samo patetična rezignacija, dok se podizao na noge, oslanjajući se o Alijevo rame i vukući noge, pošao ka vratima, držeći se za svoju široku pidžamu, kao preplašeni đačić. Učkur od pidžame visio je ispod poruba njegove košulje na neki način pojačavajući njegov izgled bespomoćnosti. „Ona je mnogo bolesna, i hoće mene", reče on Devenu, kao neku molbu da ga razume.

No, Deven nije mogao sebe naterati da joj veruje, čak da je bila na samrtnoj postelji, i nađe se, šćućuren, iza Nura, sećajući se živo prizora kad je poletela na staricu preko ispruženog tela pesnikovog.

Pred njenim vratima sedela je neka starica držeći na krilu malog dečaka, ljuškajući ga. Nur se saže i promrmlja, „Jadni dečko, jadni dečko, on ima samo svoju majku, otac mu je suviše star, suviše star za tako lepo dete, lepog dečaka i za njegovu malu majku, njegovu majku, sad" – ali starica ustuknu, stežući dete čvršće, i praveći nestrpljive grimase, tako da se on tužno pomače i uđe. Devenu laknu kad je vide u postelji – oslonjenu na visoke jastuke, oivičene resama. Njeno mršavo i savršeno trouglasto lice, išpartano i izbrazdano temperaturom i uznemirenošću, bilo je malo, kao dečje, između tankih pramenova kose grozno ofarbane crno. Devenove oči prelazile su nelagodno s prizora tih crnih omči na slične savijutke, razbacane po krevetu i po podu. U panici se pitao da nije bila još jedna borba, kao između ljubomornih tigrica. Da li je ovo uobičajen prizor u ovoj kući divljih mačaka? Zar neće one zajedno proždderati bespomoćno, drhtavo meso pesnikovo, i njegovo?

„Pridite bliže?" reče ona, slabašno i koračajući oprezno preko smotuljaka, on shvati da su to samo crni, upleteni konci, koje ona koristi da načini gušćom sopstvenu kosu, sasvim tanku, i opuštenu preko ramena kao dva pacovska repa. S velikim zavojem preko čela, ličila je na žrtvu neke saobraćajne nesreće, ili nekog žrtvovanja koje ju je ostavilo bez ičega.

Njeno odano osoblje lebdelo je oko nje. Neka mlada devojka klečala je pored njene postelje i masirala joj stopala, ritmično. Druga je stajala više njene glave, mešajući šolju mleka, i priležno duvala u nju jer je mleko bilo vrelo. Miris sažvakane slame, preživka, dizao se s parom. Deven u njoj prepozna ženu koja je pevala kao pratnja one noći u dvorištu.

Bolešljivo podigavši šaku, dugačku, išaranu kanom što je činilo da izgleda kao rukavica od zmijske kože, ona izgovori, veoma jasno i visokim glasom, što je slutilo na zlo, Deven je znao da je slutilo na zlo, „Pre no što ubedite tog zbunjenog starca da se pojavi javno, pogledajte nekog, ko je to učinio, i zbog toga pati."

„Ali", reče Deven, učini korak nazad, i gotovo pade preko Nura koji je nekako uspeo da stane iza njega, umesto ispred, „ali ja nisam planirao, nisam nameravao" – Ruka kao u reptila njihala se u vazduhu, opominjući. „Mene ne možeš prevariti, čak i ako si bacio prašinu u njegove jadne, slabe oči. Ja sam se raspitala – doznala sam ko si ti. Poznajem takve – šakale s takozvanih univerziteta koji su, u stvari, utočišta za neuspele, obučene da se hrane našim lešinama. Sad ste postali nestrpljivi, ne možete čak da sačekate da mi umremo – dolazite da čupate naše živo meso" –

„Bibi, srce moje", prekide je Nur, istupivši uzbuđeno, „ne znam šta su tvoji špijuni – ah, prijatelji rekli tebi o Devenu. Ja ti kažem, on ne pokušava da ubije tebe ili mene, ili nekog" – i prsnu u nervozan kikot i ućuta pod njenim prezrivim pogledom.

„Šakali ne ubijaju", reče ona hladno. „Oni čekaju da drugi ubiju jer oni nemaju hrabrost, a onda dođu da se hrane mesom."

Deven oseti žmarce duž kičme, a Nur pokuša, neuspešno, da se nasmeje. „Kakvo meso, *bibi*, srce moje? Drago srce, ti si bolesna" –

„Jesam, bolesna sam", reče ona, naglo se uspravivši u postelji, te čaršavi skliznuše s nje, a žene koje su je služile povukoše se malo, a onda požuriše da ih poprave. Ona ih odgurnu u stranu – drsko, ljutito, zapovednički, bezobzirno i izbezumljeno. One su drhtale, pokušavajući da je umire cokćući usnama – bojale su je se isto onoliko koliko su joj se divile, držeći se na odstojanju kao od zmije otrovnice, zmije koja je takođe bila i predmet obožavanja. Ipak je postojala neka nežnost u njihovom opsluživanju, što je kazivalo da je i žale, da ovde ima mnogo toga što je za žaljenje. Ne pogledavši ih, ona besno pogleda dva muškarca. „Moje oči još uvek mogu da vide jasnije od vaših. Ti", reče, pljunuvši Devena kroz veoma male, oštre zube, „ti – reci mi zašto dolaziš ovamo? Zbog čega si ovde?"

„Ja? Dolazim – kao što i drugi dolaze", Deven pokuša da ne muca, i da se drži dobro, osećajući da počinje da je razume pomalo. „Da ukažem poštovanje uvaženom pesniku, da ga čujem kako recituje" –

„On *neće* recitovati", prosikta, dok su beli mehurići pljuvačke leteli.

„Drago srce, neću, ne, neću recitovati", uveravao ju je Nur, približavajući se krevetu, ispruženih ruku. „Ne recitujem opet, nikad više, molim te, nemoj misliti da to činim."

Iznenada, njene se oči pretvoriše od tvrdih, crnih zrna u tečnost i suze potekoše niz njene obraze koji pocrneše od crnog praška za oči. „Hoćeš", cvililà je kao dete, „možeš. Pozovi prijatelje. Pozovi ih na piće. Sedi i recituj svoje pesme. Pevaj. Neka svako tapše i igra, dok ja – ležim ovde i *umirem*."

Nur coknu od užasa, „*Bibi*, kako možeš misliti" – bunio se, spuštajući se na ivicu njenog kreveta, dok se žene koje su opsluživale, podigoše i počeše da se motaju oko nje. „Molimo, smirite, se – molimo vas, nemojte tako misliti – lezite mirno – vi ste bolesni" –

Ona se baci natrag u jastuke, a još crnog pamuka ispade joj iz glave, ostavljajući joj teme gotovo ćelavo. Odjednom je izgledala mršavija i manja, kao dete koje ima temperaturu, a ruke su joj kidale čaršave što je moglo da bude pravo ili lažno očajanje. Nur ispruži ruke da dohvati njene šake i smiri ih u svojim, šapćući utešne zvuke, a Deven se spoticao sve dok oseti da je blizu vrata, svežeg vazduha i sunčeve svetlosti. Zatim se okrete i, obuzdavajući nagon da pobegne, izađe, dostojanstveno.

Napolju, na stepeništu, moglo se čuti kako mu stopala klepeću u brzom silaženju, mada je njegovo olakšanje bilo pomešano s velikom merom žalosti što je otišao ne postigavši ništa, čak ni sastanak s Nurom, zbog intervjua, za koji se još uvek strasno nadao da će ga snimiti. Pitanje je – gde i kako? Možda je to dobro što Nur sebi obezbeđuje vreme da o tome razmisli. Potpuno je očigledno da se snimanje ne može obaviti u ovoj kući. Čak i da je Begum zaista bolesna, ona će to na neki način saznati, njen kao igla dugačak nos pomoći će joj u tome, i ona će to definivno smatrati aktom izdaje, i bez sumnje će naći neki skandalozan način da to sabotira. Moraće svakako izvući Nura i odvesti ga nekud – u Muratovu kancelariju? Muratovu kuću? i udesiti da se tu obavi snimanje. Deven je imao još toliko razuma da shvati kako je ovo prilika koju nijedan ljubitelj poezije, još manje predavač koji se nada unapređenju, ili bar potvrdi statusa, ne može da propusti. Samo, praktične pojedinosti organizovanja takvog snimanja – ili niz takvih snimanja – ostaju da budu rešene. Nur, koga nije nikad video izvan zidova njegove kuće, treba fizički da se izvede odatle, i to tako tajno, da otrovna Begum to ne primeti... Deven je brižno grizao usne i stiskao pesnice. Da li bi Sidiki, ta snalažljiva ptičica crnog, svetlog oka, mogla još jednom da mu pomogne?

Bio je na vratima dvorišta, pokušavajući da izađe tiho, kad ga jedan tih glas pozva. Naravno, ne po imenu, no to je bez sumnje bio poziv, a kako nikog drugog nije bilo u dvorištu koje je vraćeno zaspaloj mački i biciklu prislonjenom uz zid, poziv je mogao da se odnosi samo na njega. On se okrete, držeći ruku na vratima u slučaju da ih treba iznenadno i brzo otvoriti, i osvrnu se oko sebe, oprezno. Još uvek nije bilo nikog tamo – mačka je spavala, bicikl stajao, česma kapala. Svaki zvuk, svetlost i aktivnost u toj visokoj kući bili su usredsređeni na najviši sprat, izvan njegovog domašaja. Ili, da li je baš tako? Jedva se usuđivao da digne glavu i pogleda gore, ali ne, nikog nije bilo na terasama i balkonima da se naginje, priprema da ga pljune, ili baci nešto na njega. Spustivši pogled, primeti da su jedna vrata na zadnjem zidu, uvek čvrsto zatvorena, bila odškrinuta, a jedna devojčica je stajala, oslanjajući se o direk, gotovo kao njegov deo – zato je nije ranije primetio. Pletenice su joj visile preko jednog ramena, uvezane crvenim koncem. Gledala ga je malo žmirkavim očima. Tad ga glas ponovo pozva, a pošto dete nije otvorilo usta, on shvati da poziv dolazi iza nje, s druge strane vrata. Polako pođe prema vratima, obiđe dete koje ga je ozbiljno posmatralo.

Vrata su vodila u unutrašnje dvorište, malo i privatno, za koje nije ni znao da se nalazi iza spoljnjeg, u koje su puštani svi posetioci. Činilo se gotovo nemogućim da pripada ovoj visokoj kući u najzakrčenijem sokaku glavnih bazara grada. Imalo je izgled seoskog dvorišta, i ne samo zato što je usred njega raslo *pipal* drvo, bacajući senke srcastog oblika na ciglama popločan pod, ili zbog dveju koza, jedne crne, druge boje jetre, privezanih za noge kreveta od konopca dovučenog pored pumpe za vodu. Rublje se sušilo na konopcu, vodenični kamen stajao je u uglu, gde je očigledno bio nedavno upotrebljen za mlevenje žita, jer je belo brašno još uvek bilo rasuto okolo. Neka žena čučala je pored poljske peći, pokušavajući da upali vatru pomoću svežnja grančica. Glava joj je bila pokrivena debelim, mrkim velom, i morala ga je podizati s čela i gurati nazad preko retke, kanom obojene kose, pre no što je Deven u njoj prepoznao staricu koja je ušla u Nurovu sobu da ućutka mladu Begum za vreme pređašnjeg napada besa.

„Još se besni tamo gore?" suvo upita dižući pogled sa peći.

Deven oprezno klimnu glavom, ne znajući da li želi da bude uvučen u još jednu vulgarnu porodičnu svađu. Istina je da je to Nurova porodica – Nurove supruge, mislio je – i zato nije obična, no ipak je vulgarna, a toga je baš imao suviše kod svoje da bi želeo još.

„Dobra glumica", osmehnu se prigušeno starica, lomeći grančice i trpajući ih u zemljanu peć. „Bila je igračica tamo" – ona upravi bradu na visoki zid izvan kojeg je ležao grad i njegovi bazari – „i zna sve trikove igračice. Sad je njih ubedila da je zaista bolesna. Uvek je tako kad nešto želi od njega, uvek." Uprkos samom sebi, nije se mogao uzdržati da ne zapita, „Šta to ona želi?"

Ona iskosa upravi na njega lukav pogled, ispod nabora vela. „Hoće da se otarasi tebe", nasmeši se vragolasto.

Deven se nevoljno trže od straha. Imao je trenutnu viziju kame, sečiva, koje preseca. Nije to bilo besmisleno – on je nju video besnu, i znao je. Zatim se ponovo pribra i oseti se sasvim polaskan što je doznao da ga je ta zastrašujuća žena izabrala za protivnika, uzrok njene ljubomore i besa, i čak bolesti. Nije mogao da se uzdrži od zlobnog smeškanja zbog preteranosti tog komplimenta.

Starica, napeto motreći, namršti se na osmeh koji mu je glupavo lebdeo na licu: možda joj on nije verovao. No, on je znao bolje no iko drugi. „Sve njegove sledbenike, sve njegove učenike, njegove *želje* – ona mrzi", tvrdila je. „Uvek pokušava da prekine ono večernje okupljanje na krovu, kad on recituje svoju poeziju. No, oni dolaze ipak samo zbog zabave i zato što ih on hrani. *Ti* dolaziš zbog nečeg što je više od toga."
Deven spusti pogled na zemlju. Opet se oseti ponizan i nervozan – njegovo staro ja.
„*Ti* si ozbiljan", nastavi ona, lomeći i dalje grančice među prstima. „Čula je da si došao da pišeš knjigu."
„Nisam, nisam", promrmlja. „Samo članak, intervju. Neću da ga pišem, hoću da ga snimim – magnetofonom", reče glasno da ubedi sebe koliko i nju. „Moj koledž kupio ga je za mene, da snimim njegov glas" –
Bila je očigledno impresionirana, ne razumevajući zašto, jer to nisu bile reči koje bi ova potpaljivačica vatre, peračica rublja i čuvarka koza mogla razumeti. Zato su na nju i ostavljale utisak. „Hm, da – mora da je to čula, i želi to da zaustavi."
„Ali, zašto? Od toga neće biti nikakve štete, podsticao ju je, „samo slava za Sahiba Nura, slava koju treba zapisati, koja mora biti zapisana za sva vremena."
„Nemoj to *njoj* da kažeš", kokodakala je starica, a onda se naže, kresnu šibicu i prinese je grančicama. Neverovatna količina gustog, smrdljivog dima poče da kulja iz gomilice potpale. Ona pokuša to da zaustavi komadima drva. Deven se gušio i kašljao. „Ona baš to hoće da oduzme od njega. Mnogo je oduzela", reče gorko, „a hoće i njegovu slavu, njegov sjaj."
„Ali", reče Deven iskreno, „ona mu to nikad ne može oduzeti. Ona nije pesnik istog kvaliteta – ona nikad ne može dostići njegovu slavu ili sjaj."
Te reči kao da nisu ostavile utisak na staricu; duvala je u vatru – da tiho gori. Zatim pogleda preko ramena u dete koje je još uvek stajalo uz direk, motreći i slušajući, i zovnu: „Muni, idi i donesi mi *dal*", i oštro je po-

smatrala dete koje otrča na terasu da uzme lonac za kuvanje i donese ga na vatru. Postavivši ga na zemljanu peć, starica stavi poklopac na njega, i opet se spusti na pete, sa uzdahom, očigledno spremna da čeka dok ne provri. Deven pomisli kako je neskladno da on, predavač na koledžu, diskutuje o kvalitetu Nurove poezije sa staricom koja kuva u svom dvorištu, a posmatraju ga dve koze i dete koje žmirka. Premeštao se s noge na nogu, želeći da napusti scenu, kao nevrednu pažnje.

Primetivši to, ona ga ponovo pogleda iskosa i dade mu znak da priđe i sedne pored nje. On pogleda naokolo na šta bi seo – nije hteo da čuči na petama kao ona. Dete to vide, otrča, i donese nisku drvenu šamlicu. On se spusti na nju, nevoljno i nespretno.

„Ne daj da te ta žena zaustavi", prosikta čim se spustio pored nje. „Napiši tu knjigu" –

„To će biti snimljeno na traku."

„Da, da, napiši to", ponavljala je oštro. „To je važno, zar ne? Za tvoj koledž? Za profesore tamo? Trebaće im, zar ne?"

„Jeste", reče svečano, „biće to veoma, veoma važno. Biće stavljeno u biblioteku. Studenti i proučavaoci će to slušati. Drugi univerziteti će to pozajmljivati" –

„Dobro, dobro", prekide ga ona nestrpljivo. „Znam, znam da je on veliki čovek. Svi mi to kažu. *Da li* je on veliki čovek?" zapita ona, iznenada.

„Naravno da jeste", viknu on, zapanjen što ona to pita. „Najveći živi pesnik – najveći Urdu pesnik u Indiji", zaključi on.

„Učini to, sine, učini", podsticala ga je.

„Ali, kad?" zapita on, očajnički, „kako?" Sedela je ćutke jedno vreme, pokušavajući da razume njegove potrebe. Bile su za nju nove, nije ih nikako shvatala, no, osećala je hitnost. Lonac na vatri poče da vri i ona se naže da digne poklopac. Pokulja para, i donese kapi vlage na njenu gornju usnu. Sva njena odeća mirisala je na dim od drveta i kuvanje. „Hm", reče, i vrati poklopac napola, da para ne ide na nju. „Potrebna ti je soba, treba da budeš sam s njim, a?"

„Tako je, i tehničar je potreban. Možda još jedna ili dve osobe. Bićemo mala grupa. Potrebna su nam tri, četiri dana, da budemo s njim nasamo, može biti, jedna sedmica."

Sad je tačno razumela. „Znači, moraćete da napustite kuću", reče ona. „To se ne može učiniti dok je ona ovde."

„Može li se ona nekud poslati?" molio je. „Ako je bolesna – zar se ne može poslati u bolnicu? Ili njenoj porodici?"

Starica se bezglasno nasmeja. „To i ne pokušavaj. Ako pomeneš 'bolnicu' skočiće iz postelje, potpuno zdrava. A porodica – zar misliš da takva ima porodicu?" Smeh postade čujan, neka vrsta šupljeg puckaranja, kao zvuk koji je proizvodila vatra.

„Neće ona otići", nastavi žena. „Ona se uglavila u našu kuću – kao veštica. Moraćeš *njega* da odvedeš – kroz ova vrata", ona pokaza na mala vrata u zidu, iza koza. „On će sići da mene poseti – on to čini ponekad – onda ga možeš odvesti kroz ova vrata. Zašto ne nađeš sobu nedaleko odavde, malo uz sokak, starac ne može dalje – uzmi sobu i završi svoj posao tamo. Vrati ga kroz zadnja vrata, a ja ću ga poslati gore. Ona će besneti kad vidi da me on posećuje, ali to ne može zaustaviti, ja sam starija, prva." Ponovo se nasmeja pokazujući pocrnele zube. „Čak i ako bih imala samo kćeri, a ona sina, još uvek prva", razmišljala je. Zatim, oštro dodade, „I tvoj posao će biti završen, a?"

Deven je grizao zglobove prstiju, razmišljajući. „Ako je to jedini način" –

„To jeste jedini način", ubeđivala ga je. „Hoćeš li da ti ja nađem sobu? Ja to mogu."

Zurio je u nju, pitajući se da je ipak nije potcenio. „Možeš li?"

„Naravno", odmahnu ona rukom, sa iznenađujućom elegancijom. „To je za mene lako. Ceo svoj život proži-

vela sam ovde. Znam svaku kuću, svakog ko živi u ovom sokaku. Mogu da obezbedim sobu. Ako dođeš sutra ujutru u deset sati – ne, u jedanaest – i staneš kod zadnjih vrata, ja ću ga pustiti napolje" –
„Ne, ne sutra", viknu on u panici. „Daj mi vremena."
„Onda, kad?" odseče ona.
„Uskoro. Obavestiću te uskoro. Moram da razgovoram o tome – poslaću ti kartu" –
„*Ona* će pročitati kartu, a ne ja", reče starica, prezirući njegovu slabu moć razmišljanja.
„U redu, poslaću poruku. Ja ću sve pripremiti, a onda ću ti poslati poruku i doći i odvesti ga, kako ti kažeš."

Ona klimnu glavom, zatim se okrete detetu da mu da neka uputstva oko hrane koju je kuvala. Devojčica otrča da donese stvari, a žena uze kašiku od nje i poče da meša. „Njegov omiljeni *dal*", reče zadovoljno, cmoknuvši. „Samo ja umem to da skuvam onako kako on to voli", ona se nasmeši zajedljivo.

Deven se podiže s drvene šamlice, zglobovi su mu bolno krckali. Poklonivši se nekako, okrenu se da ode i da je ostavi, ali ona ga pozva odlučno.

„Slušaj", reče ona, priprosto i neposredno, što ga iznenadi. „Nećeš zaboraviti na plaćanje?"

„Plaćanje?" Deven zastade. Bio je to nov zahtev, neočekivan, za koji se nije pripremio. Obuze ga panika koja mu, burno ga obuzimajući, razbaca reči i misli.

„Da, da, plaćanje", reče ona, trzajući glavom i u isto vreme gestikulirajući šakom umazanom kanom. „Plaćanje – plaćanje. Misliš li da on sve to učini za tebe – pokloni ti toliko časova svog vremena, piše i recituje za tebe i zamara se, a da ne bude plaćen? Šta je to – ti misliš da pesnik ne mora da zarađuje svoj hleb? Misliš da on nema prorodicu da hrani? Treba li pesnici i njihove porodice da gladuju, dok ti i tebi slični iz koledža svetkujete?"

„Ne, ne", promrmlja, pocrvenevši od sramote zbog njenog govora. „To ne može nikad biti" –
„To ne sme da bude", odseče ona. „Zato, kad budeš slao svoju poruku, obezbedi da pošalješ i poruku o plaćanju koje će nadoknaditi njegov rad. Ako budem smatrala da je nedovoljno, nećeš ga naći na vratima kad budeš došao da ga odvedeš. Čekaćeš i čekaćeš, no, on neće doći. A sad, odlazi."

Odlazeći, dok su mu u ušima zvonile njene grube reči, toliko različite od kitnjastog Urdu koji se govori na spratu, Deven se pitao da li je zbog toga pesnik napustio neobrazovanu ženu sa sela, i okrenuo se onoj gore, na spratu. On sam ne bi znao koju da izabere. Ne bi mogao da zadovolji ili izbegne ijednu. Moraće da napusti projekt.

GLAVA OSMA

Posle ovog događaja, Deven se nije zadugo vratio u Delhi.

Sarla je sedela, motreći ga, češući jednu stranu nosa uvredljivo, dok ga je posmatrala. Najzad, sarkastično iskrivi usne i reče, „Ne odlaziš više u Delhi. Šta se dogodilo? Jesu li te izbacili?"

On joj dobaci ubilački pogled, a onda podiže novine dva santimetra više da se zakloni od izluđujućeg prizora. Iza čvrsto držanih listova, gotovo ih cepajući, reče glasom uzdržanim, koliko je to bilo moguće u datim okolnostima: „Ja idem u Delhi po poslu. Kad nemam posla, ne idem. Ali", dodade namerno, „kad budem imao posla, ići ću."

„Hm, *posao*!" izgovori tiho i ode u kuhinju gde nije bilo potrebno da se uzdržava, gde je mogla da nađe oduške vičući kroz prozor na dete, ili, preko zida, susetkama, jer nije bilo moguće da viče na muža, bar ne bez opasnosti od osvete.

Tek kad je ona otišla u svoju uzanu, zakrčenu tvrđavu, i kad je čuo kako slobodno zvecka i tandrče tamo, pade mu na pamet da bi na nju moglo ostaviti veći utisak da joj je dopustio da misli kako zaista on ima nekoga – ženu, koju posećuje u Delhiju. Eto, takav je on, uzdahnu: njegovi refleksi, spori zbog uobičajene plašljivosti i neodlučnosti, još više se usporavaju, on kasni u misli i delu, nikad nije spreman s odgovarajućom reči ili delom, i jedno i drugo vuku se za njim na sumornoj razdaljini. On ponovo uzdahnu i izvuče cigaretu iz džepa košulje, i pripali je, da se uteši.Čudno je kako u svetu ošamućujućeg obilja nema ničeg što čoveka može da uteši kao jedna jeftina cigareta.

Uteha. Prevrtao je cigaretu među prstima, i pitao se da nije to njegova pogreška – što uvek traži utehu, kad u šumi postoji druga divljač za lov. Da je imao više duha, više živaca, više želje i ambicije, možda bi, umesto utehe, lovio uspeh, uvažavanje, magiju. Možda je trebalo da se bavi umetnošću, objavi knjigu poezije, stekne ime, malo slave, čak zlatne narukvice za Sarlu...

No, misao je bila toliko detinjasta da on ispljuva gorak komadić duvana. Svaki njegov napor završavao se porazom: većina pesama koje je napisao i poslao Muratu bila je odbijena. Njegova monografija nije nikad štampana. Njegova žena i sin gledali su ga sa otvorenim razočaranjem, a nije stekao ni poštovanje svojih kolega ili studenata. Urođena slabost njegovog oca koja ga je načinila neuspešnim, mada neškodljivim, nastavnikom i domaćinom, prešla je na njega. Osećao ju je u sebi kao praznu rupu u koju je zurio svih ovih godina, zaplašen njenim crnilom i prazninom. Čak i njegov pokušaj da je ispuni istinskim i iskrenim odavanjem pošte pravom pesniku, čoveku koji se istakao, kao što bi on to za sebe želeo, poražen je svim preprekama koje iskaču u njegovom životu, kao krhotine i šljunak koji se rasprši pri svakom koraku. Bio je to još jedan udarac, možda najgori od svih.

Sedeo je, presavijen, u stolici od trske, ruku opuštenih među kolenima, cigareta mu je visila među prstima, a njen dim izvijao se uvis, kao spirala.

Vireći kroz pukotinu na kuhinjskim vratima, Sarla ga je posmatrala, misleći: je li mrtav, je li živ? ne zabrinuto, samo ljutito. Samo muškarci mogu da se prave mrtvi, kad su živi. Po njenom mišljenju takva zaludnost je luksuz. Kad bi ona sad počela da izvodi takve trikove, šta bi bilo s njima? Ko bi Manua vodio u školu i kuvao ručak za njih?

Deven ne bi znao kako da joj odgovori. Zavalivši se ponovo u stolicu, i stavljajući cigaretu ponovo u usta, zabaci i položi glavu na čipkani podmetač koji je Sarla napravila u prvim danima braka, a sad je pocrneo od upotrebe, i zatvori oči. Soba tad postade tamna kao Nurova, sa zastorima od bambusovine i zidovima obloženim zelenim pločicama, i nevidljivim golubovima koji su tako utešno gukali. Setio se njihovog prvog susreta onog popodneva, kako je Nuru glasno recitovao njegovu poeziju:

Moje telo pero od trske, isečeno vrhom mača,
Beskorisno i suvo, dok se ne umoči u mastilo
životne krvi...

dok je Nur ležao na postelji, sklupčan, kao ogromna beba, slušajući ga, a on se osećao kao da je Nur njegovo dete, on roditelj, i njih dvojica zatvoreni u krug nekog intimnog, instinktivnog zagrljaja.

Napolju, na ulici, prodavac zemljanog posuđa prolazio je s magarcem natovarenim robom i vikao visokim glasom: „*Su-ra-hi! Su-ra-hi!*" – što je bio siguran znak da se približava leto. Otvorivši oči, Deven vide da mu je cigareta gotovo dogorela do prstiju i pošto ju je ispustio na pod, poče da je gazi, gore-dole, dok od nje ostade samo mrlja pepela.

A Sarla, ušavši bučno, predade mu kartu koja je tek stigla, žutu kartu, na kojoj je pisalo Delhi, sitnim, preciznim rukopisom koji je prepoznao. „Dragi gospodine, biće vam milo da znate da sam sastavio novi ciklus od trideset šest kupleta. Moja draga supruga me je inspirisala da pišem o patnji žena. Vas će zanimati da ih prepišete. Ljubazno se javite što je pre moguće. Vaš verni" – i kitnjastim Urdu napisano njegovo ime.

Te noći, sobica u kojoj su svi troje spavali kao da je gušila. Leto je tu i bilo je vreme da iznesu svoje krevete u dvorište, ali Sarla se svake godine opirala tome – imala je košmare o lopovima koji se penju preko zida i napadaju ih dok spavaju. Kad se Deven kratko nasmejao, rekavši, „Šta bi lopovi mogli da nađu u našoj kući da ukradu", ona je prosiktala, „Za njih su nastavnici u koledžu veliki ljudi, važni ljudi, otkud bi oni znali da mi *gladujemo*?" Bio je iznenađen i uvređen žestinom tog glagola, i pomislio je da je zapita da li je ikad bila gladna, ali nije hteo da se upušta u raspru s njom, znajući da ga može pobediti. Setio se kad je jednom odbio da kupi detetu slatkiše, a ona je, kroz stisnute usne, rekla: „Za svog sina nemaš novaca, imaš ga samo za odlazak u Delhi, da se provodiš."

No, on neće više ići u Delhi. To je sad sve gotovo.

Skliznu s kreveta, po njegovom mišljenju, tiho, ali Sarla se odmah trže i prostenja: „Zar ne možeš da nas ostaviš da na miru spavamo?" On sede na ivicu kreveta češući vrat i ramena gde su ga izujedali komarci, i promuca, „Idem da pijem vode", i odvuče se iz sobe. Vrata koja su vodila u dvorište škripnuše dok je skidao rezu, i on se uplaši da ne probudi i dete i naljuti Sarlu, no oboje se ne pomaknuše. Kad je izašao, oseti, ipak, olakšanje. Umesto nekog emocionalnog opuštanja od svega što ga je gušilo, ovo jednostavno fizičko oslobođenje iz male, zagušljive sobe, i izlazak na noćni vazduh, biće dovoljno.

Hodao je gore-dole po neravnom, ciglom popločanom dvorištu, izbegavajući konopac gde je Sarlino rublje još uvek visilo, ćošak pored pumpe, gde se voda pretvorila u blatnjavu baru, i ćošak gde je dečak držao svoje igračke: prazne konzerve, štapove, katance i lopte. Drvo *nim* raslo je izvan zida i širilo grane preko polovine dvorišta. Sarla je često pretila da će podseći grane, naročito zimi, kad su, kako je govorila, zaklanjale sunce. No, on joj to nije dopustio, podsećajući je da leti prave hlad. Sad je morao priznati da ne propuštaju vazduh i deluju kao prašnjavi pokrivač preko malog, zidom ograđenog, dvorišta. Ipak mu je bilo hladovitije i svežije samo zbog toga što je bio na otvorenom, što je mogao da vidi nekoliko mutnih zvezda uglavljenih u ljubičasto sukno letnjeg neba. Šta je ono Nur rekao o dalekim planetama? „Svetionici u okeanu neba, o, brode moj, neka te oni vode... " Ne, ne bi on, on ne bi" –

Odlučno odvrativši misli od ovih opasnih plićaka, koračao je gore-dole, bosonog, u pidžami i prsluku koji su bili puni rupa, češući mesta izjedena od komaraca, pušeći, odbijajući da misli o poeziji, misleći, u strogoj prozi, kako mora da izgleda kao životinja u kavezu u zoološkom vrtu – nekom stvorenju koje je možda posmatralo Zemlju s druge planete. A to on i jeste – uhvaćena životinja. U mladosti je imao iluziju da poseduje slobodnu volju, ne znajući da je u zamci. Brak, porodica i posao stavili su ga u taj kavez. Sad nema izlaza iz njega. Neočekivano prijateljstvo s Nurom dalo mu je iluziju kako su se vrata zamke otvorila, i da može ipak pobeći u širi svet, napolju, ali bliže upoznavanje s pesnikom pokazalo mu je da je ono što je mislio da je „širi svet" takođe iluzija – to je samo vrsta zoološkog vrta u kojem se nije moglo nadati da će naći slobodu. Samo će nabasati na drugi kavez, nastanjen nekom drugom uhvaćenom životinjom. Budući slavan pesnik, privlačio je narod da dolazi u zoološki vrt i bulji u njega, no, i pored toga, Nur nije pobegao iz svog kaveza – bio je uhvaćen kao i Deven, čak i ako je njegov kavez bio poznatiji i privlačio veću pažnju. Ipak, bio je to samo kavez u nizu kaveza. Kavez, kavez, zamka, zamka.

Pa gde da se nađe sloboda? Gde da se udiše svež vazduh?

Pogleda u prašnjavo krzno neba da pronađe neku pukotinu koja obećava, ili obezbeđuje bekstvo, ali su čak i zvezde bile ugušene u pomrčini. Nijedna poruka nije dolazila šapatom u noćnom povetarcu. Svaki list na drvetu *nim* visio je mirno, beživotno. Napolju, na putu, proškripa volovska zaprega, nepodmazani drveni točkovi tu noć su cijukali. Preko kanala, pas-lutalica lajao je u dugom, monotonom jauku pobune. Zatim nastade tišina. Dugo posle toga prekinu je oštar, prodoran zvižduk Džanata Ekspresa iz Asama koji se kotrljao duž pruge. On zagrize cigaretu, psujući: „Zašto uvek neki voz zviždi u mraku, dozivajući preko velikih prostora one koji čeznu da putuju, da se kreću. Ništa ne obećava, samo podseća zatvorenike na njhove rešetke, ruga im se u njihovim ćelijama."

Bilo je vreme da prestane s hodanjem. Bio je iscrpen, možda će ga sad san savladati. Vrati se u sobu u kojoj je vazduh bio prljav, potrošen i nepodesan za upotrebu, kao i ranije, i opruži se po krevetu. Pokrivši oči rukom, poče da pada kroz sive slojeve svesti ka poslednjem, gde će sivilo utonuti u zamagljeno crnilo. No, svest je još uvek kažnjavala, uvrtala kuke u njegovo meso, vukla i vukla, vraćajući ga, nevoljno, na površinu. Vukući noge kroz belu prašinu sokaka gde je noć odlazila da napravi mesta za njih, naiđe grupa pevača, u zoru – žene u belom, udovice, askete i hodočasnici, žurili su sa svećama i fenjerima u rukama, pevajući drhtavim glasovima pravednika:

O, hoćeš li poći s nama?
Ili ostati u prošlosti?
O, hoćeš li poći...

Sarlu probudi zvuk prigušenog stenjanja, kao jecaj psa. Podigavši se na lakat, tako da joj je kosa padala sa obeju strana žutog lica, očiju iskolačenih između tih pramenova, ona prosikta, „Pst! To samo gđa Bala i njeni prijatelji idu u hram na molitvu."

Mada je sve oko njega objavljivalo poraz i zamorni povratak svakodnevnoj rutini, Deven oseti kako se uputio, sasvim protiv sopstvenog suda i, samo iz mazohističke želje, govorio je sebi, da ponovi žalopojku o onome što je izgubio, Sidikijevoj kući, na drugom kraju bazara.

Sidiki je stanovao u jednoj od poslednjih velikih starih vila Mirpora, i bio je daleki rođak naboba iz Delhija koji ih je sagradio za one članove svoje porodice koji su pobegli s njim s poprišta pobune. Naravno, bazar se širio, protezao i rastao, i pritisnuo ju je sa svih strana, ali unutra, između četiri zida tog imanja, sada probijenih na mnogim mestima, kuća je još uvek stajala, oronula, ali prostrana, u velikom, zapuštenom vrtu drveća bez lišća, umirućeg žbunja i prašine, gde su nekad bili travnjaci i leje cveća. Sidiki je sedeo na terasi u stolici od trske, baš kao veliki zemljoposednik, čovek dokolice i bogatstva.

Devenova stopala sastaviše se u oklevanju kad je ugledao Sidikija kako sedi u tako neočekivanoj veličanstvenosti. Bilo je to neočekivano, zato što je, da bi ušao na imanje, morao da se provuče kroz otvor između kapije i kapijskog stuba: zarđalo kovano gvožđe ulegalo se, a držala ga je da ne padne gužva žica, isto tako zarđala. Prodavac banana i prodavac kikirikija koji su podigli svoje ćepenke između dvaju kapijskih stubova, podstakli su ga da koristi taj otvor pošto niko nikad nije otvarao kapiju. Pala bi, ako bi neko bio toliko lakomislen da pokuša.

„Svi njihovi automobili, kočije, davno su prodati. Zašto bi se kapija otvarala?" objašnjavali su mu kad je gledao sumnjičavo jer nije bio voljan da ulazi kao lopov, ne mogavši da poveruje da Sidiki ovako ulazi ili izlazi iz kuće.

Najzad se provukao i stajao je na širokom i šljunkovitom prilaznom putu, posmatrajući oronulu vilu, i prepoznatljivu, a ipak nepoznatu, priliku malog profesora Urdu, kako sedi na terasi. Sidiki je bio isto toliko iznenađen gledajući kako se provlači kroz otvor i pojavljuje usred prilaznog puta kao neki pas-lutalica ili kokoši koje su ponekad bežale iz bazara u njegovo imanje. On ustade, obučen u laki, beli muslin koji je oblačio posle večernjeg kupanja, držeći praznu lulu u ruci i viknu: „Dođi, dođi ovamo, Deven-baj. Kakva čast, kakvo zadovoljstvo, kakva prilika."

Deven, ohrabren dobrodošlicom, malo se protrese, i pođe, pomalo hramajući, baš kao jedan od onih pasa lutalica, ne znajući da li da očekuje udarac ili kost, čudeći se kako se usudio da uznemirava privatnost čoveka, koji ima toliko imanje, bez prethodne najave i dozvole. Ali, on nije imao pojma da Sidiki živi u takvom sjaju (mrak je uvećavao dimenzije vile, nije ih smanjivao). On je znao da je Sidiki neženja, da živi sam u kući svojih predaka, čiji je on jedini naslednik, i da zato nije tražio bolji posao na većem univerzitetu, u većem gradu: tako se bar tračalo po koledžu.

Zbunjen, stajao je pri dnu stepeništa, mrmljajući, „Nisam znao, nisam mislio" –

„Šta nisi znao, Deven-baj?" pitao je Sidiki, vukući ga jednom rukom uz stepenište, i posadi ga u stolicu od trske. Zatim pljesnu rukama, glasno, da privuče pažnju i viknu, „Čotu! Čotu!"

„Da ovako živiš sam", promrmlja Deven.

„Šta, zar si mislio da imam porodicu, ženu, decu, rođake? Ili si mislio da živim kao nabob, u nabobovoj palati? Pogledaj, prijatelju, pogledaj, da li si ikad video ovakvu ruševinu?" On se nasmeja i mahnu prljavom dečaku koji se pojavio iz nekog ugla oronule kuće. „Čotu, donesi još jednu stolicu", viknu, „ako je imamo, i čašu i flašu, piće za našeg posetioca. To imamo, a? I požuri."

Deven je gledao kuću bez ikakve svetlosti, prljavštinu dečaka koji je odlazio i malo uzdahnu od očajanja. Kako je trenutno bio savladan veličinom Sidikijeve kuće predaka, laknulo mu je kad je video da je bila u tako poodmaklom stanju propadanja, gotovo svedena na stanje u kojem svi žive u Mirporu. Osećao se nejasno zadovoljan dok je gledao oko sebe i video da je stolica koju je Čotu vukao, pohabana i slomljena, da je kuća potamnela od zapuštenosti koliko i od noći, i da nije krečena decenijama, da nije bilo ni svetla niti zavesa, da oboje sumor. Jedina otvorena vrata u kojima je svetlucalo, svetlost treptava i neelektrična, bila su vrata kuhinje dečaka-sluge, neopisivo prljave i, uz to, ugljenisane, dok su ostala bila zaključana i činilo se kao da nikad više ne mogu biti otvorena. Zatim, da se ne bi činio suviše ljubopitljiv, on okrete lice vrtu koji se više nije tako zvao – leje cveća i staze, mada još uvek obeleženi trouglastim komadima cigle, bili su samo područja prašine. Ostalo je samo nekoliko drveta – mango, nar, tamarinda – koja su se nazirala oko zida kao rutavi čuvari, čak i ako su bila oklembešena od suše i zagađenja.

Sidiki, kao domaćin, ponašao se besprekorno, kao da je sve još uvek bilo u redu, kao da sve još uvek funkcioniše kao u drugom, imućnijem dobu. Nakon što je stavio čašu ruma u Devenovu ruku, izdavao je naređenja dečaku-slugi i poslao ga u bazar po ćevape i pilav. (Deven pomače kolena uznemireno, prizor ga je suviše živo podsećao na Nurovo ponašanje pri nabavljanju večere za vreme soarea.) Kakav je to stil života? Nepoznat Devenu, tako sumorno pripitomljenom i štedljivom.

Sidiki kao da je primetio njegovu nelagodnost. „Nakon što je krov u kuhinji pao, mi smo gotovo prestali da kuvamo kod kuće", objasni on utešno, gučući kao golub. „Većina lonaca i tiganja bila je zatrpana ruševinama, a Čotu je rekao da ne vredi iskopavati ih jer je sve polomljeno. Zato je veoma pogodno imati bazar na kapiji svog vrta: šaljem Čotua da mi donese čaj, zakusku, i za goste, ćevap i pilav." „To mora da je skupo", Deven nije mogao da to ne kaže, uznemireno.

„Ali, prijatelju, na koga da trošim svoju bednu zaradu osim na sebe?" zapita Sidiki. „Ti vidiš pred sobom čoveka bez veza. Ne, to nije istina – tu je Čotu. Moram i hoću da se brinem o Čotuu, on je dečko velikog talenta. Kad se vrati, moraću tražiti od njega da nam peva. Moraš ga čuti kako peva. Dao sam ga da uči. Glas mu je izvrstan. Potrebno mu je da vežba. Siguran sam da mu mogu naći zaposlenje u Sveindijskom Radiju. Nemoj da gledaš tako iznenađeno, čak i prljavi mali dečak koji mi donosi pirinač i meso, može imati talent od Boga" – on podiže glas koji postade agresivan.

„Naravno, naravno", požuri Deven da se složi, mada sa sumnjom.

„Ti mi ne veruješ, ali čućeš ga. Nateraću ga da peva. Devene-baj, kako sam srećan što si došao. Činilo se da će ovo biti obično, dosadno, beživotno veče, kao sva u Mirporu, no sad – imaćemo koncert. Tražiću od Čotua da peva, i pozove neke prijatelje – još jedna prednost života u srcu bazara – ne treba ići daleko da se nađe društvo – a večeraćemo ovde pri mesečini – ima li mesečine? Ha, ha – a možda ćemo igrati karte posle večere" – Izgledao je oslobođen svoje uobičajene univerzitetske ličnosti – uredan, doteran i oprezan – sada preobražen u hedonistu, u sladokusca, poznavaoca muzike i hrane i čak kockara, nepoznata ličnost koju nije mogao da prozre nemaštoviti – ili neobavešteni – Deven.

Sede na terasi kao dva naboba, nasukana u ustajaloj vodi vremena, mislio je Deven, dok je uzimao još jedan ćevap s masnog tanjira koji je doneo Čotu, ili dok je pružao čašu da se ponovo napuni dok je Sidiki govorio o istoriji, politici i poeziji, na svom kitnjastom Urdu jeziku kojim je nastojao da podigne, ne baš zid, već rešetku od letava između ove, za njega, istorijske kuće i bazara napolju, tako da zvonjenje bicikla, zavijanje automobilskih truba, treštanje filmske muzike iz zvučnika i galama prodavaca koji izvikuju svoju robu nije ništa više od zavijanja šakala u pustinji koja ih okružuje. Bilo je čudno imati takav doživljaj ovde u Mirporu, čiju je svaku prašnjavu brazdu ili dosadnu konturu Deven zamišljao da poznaje i čudio se kako nije toliko dugo poznavao Sidikijev talent da preinači činjenicu u prihvatljviju i privlačniju fikciju: taj talent nikad nije pokazao u koledžu gde je on ono što jeste, ništa drugo.

„Jedan moj predak pao je u nemilost u vreme pobune. Uhvatili su ga Britanci, kaznili ga i naterali da puže na kolenima duž celog Čandni Čoka, a svu njegovu imovinu konfiskovali su i uništili. Pobegao je u Mirpor, s porodicom, u odeći koju je imao na sebi – i tako preneo prokletstvo življenja ovde svim sledećim generacijama", izgovorio je ovo, usana pritisnutih na ivicu čaše. Čežnjivo je dodao, „Često sam poželeo da mi neko učini uslugu, konfiskuje i uništi moje imanje ovde i oslobodi me da se vratim u Delhi, gde se bar, između zidova grada, govori čist Urdu jezik koji nije kao seljački dijalekt govoren ovde... "

Deven se trže, prosuvši nešto pirinča na krilo. Pominjanje čistog Urdu jezika najzad ga je podsetilo na predmet zbog kojeg je i došao ovamo, da o njemu razgovara – Nur – a da su nekako izbegavali da ga uopšte pomenu, namerno? Bilo je veliko olakšanje zaboraviti, privremeno, tu zastrašujuću temu. Deven je bio potpuno voljan da mu se odvrati pažnja pomoću začinjene hrane iz bazara, jakog pića i čak i spiskom Čotuovih vrlina i zasluga, hvatajući, s vremena na vreme, profesorov pogled, i brzo, ponovo skrećući ga s njega. No, počeo je da oseća kako ga Sidiki mada još uvek govori njemu, u stvari ignoriše i kao da njegovo prisustvo smatra sasvim zanemarljivim. Zar nije bilo izvesne drskosti u načinu kako je govorio samo o sebi, sve vreme? On započe, ustručavajući se, „Sahibe Sidiki, sad si me podsetio – na Urdu, na poeziju" –

„Ha!" uzviknu Sidiki, pljesnuvši se po kolenu. Zaboravio! Kako da zaboravim, kad Čotu stoji ovde, pored mene? Čotu, ostavi te tanjire i idi, i dovedi neke dečake. Igraćemo poker, a posle toga, ti ćeš nam pevati, za mog prijatelja poznavaoca muzike i poezije, kao što smo i mi" – Da li se ruga?

„Moram da raščistim sto", promuca Čotu i poče da skuplja na gomilu masne posude.

„Ne, ne, ostavi sve to, nemoj noćas da se brineš o tome, idi u bazar, idi i dovedi Anvara i Mehtaba – reci im da ćemo večeras igrati karte" –

„Već sam im rekao", mumlao je Čotu odlazeći, „oni će doći."

Sidiki kao da je bio uvređen zbog pomanjkanja oduševljenja, i ćutao je malo kao ptica koja oseća hladan vetar, no Čotu je ipak govorio istinu jer neke senke kretale su se kroz prolaz pored kapije i išeprljale na prilazni put, pognutih ramena i nožnih prstiju okrenutih unutra, kao da pokušavaju da ne budu viđeni. Čotu, preobraćen, istrča iz kuhinje i požuri niz stepenice njima u susret. Stajali su, smejući se i tapšući jedan drugog po ramenima, grleći se, a Sidiki, posmatrajući ih s ljubavlju, promrmlja, „Dečak samo, tako talentovan, tako vredan, stalno zaboravljam da je on ipak samo dečak."

Deven ga pogleda, pun zebnje. On zaista nije želeo da se veče razvija u tom opasnom pravcu – ličilo je suviše na *mehfil* u Nurovoj kući. Znaci su bili nesporni. Zar nije postojala svaka mogućnost da se pretvori u poraz. Zar nije diskretni i oprezni Sidiki izazivao katastrofu, dopuštajući da se Čotu od služinčeta pretvori u pevačku zvezdu, i dopuštajući da ološ iz bazara uđe kroz ove impozantne, mada oštećene, kapije.

Niti je želeo da se pridruži igri pokera i rizikuje ono malo novca koji je imao pri sebi. Razviše prostirač po kamenom podu terase. Dečaci posedaše i počeše da dele špil karata, dok se Čotu majao okolo, donoseći svakom piće koje je Sidiki naručivao. Pošto ih je poslužio pićem u debelim, umrljanim čašama, koje je iznosio, sakupljene, držeći ih vrhovima prstiju, i on sede na prostirku, prekrstivši noge. Sidiki je teško skrivao svoje oduševljenje i iščekivanje. Igrao je poker kao da je bio pijan – otvoreno i nesmotreno. Posmatrajući ga sa užasom kako gubi deljenje za deljenjem, Deven se oprezno povuče, insistirajući da Čotu zauzme njegovo mesto.

Sedeo je obgrlivši kolena i pitajući se koliko će Sidiki izgubiti pre no što se osvesti: nije se nimalo činio uznemiren zbog gubitaka. Baš suprotno, oni su ga zasmejavali i on se protezao da pomiluje Čotuovo koleno, govoreći, „Samo pričekajte – nateraću vas da sve vratite. Uzmite sav novac od mene, znam kako ću vas naterati da mi to nadoknadite." Dečaci iz bazara smejuljili su se i namigivali jedan drugom, i Čotuu, koji se držao povijeno, mrzovoljno, i spuštao svoje karte da ode i donese još ruma i napuni svačiju čašu, ili da ode i išmrkne nos preko ivice terase u žbunje, zatim se vrati, brišući prste o nogavice pidžame, da nastavi igru.

Igra se otezala u nedogled. Čak i bazar napolju kao da se utišao, polupospan. Zvučnici su ućutali, saobraćaj prestao. Sove su se prigušeno smejale u budnom drveću. Devenova glava spuštala se sve niže i niže, klateći se na isturenom čvoru njegovog potiljka. Često se gubio, plivajući kroz san, polako, samo da bi bio vraćen na scenu pljeskom po kolenu uzbuđenog Sidikija koji je vikao, „Ispij Devene, još jednu. Bar pij s nama kad nećeš da igraš s nama. Vidiš li kako Čotu igra? O, nateraću da plati, nateraću ga da plati za ovo."

Deven je počeo da se plaši da će mu glava otpasti sa čvora, otkotrljati se, kad se igra prekide, zbog onog što je Sidiki obećao da će biti zakuska. Sidiki mu pomože da siđe niz stepenice terase, i duž mračne staze, do kapije: pozni čas i bezbrojne čaše ruma iznurili su Devena, a iznenađujuće malo su uticali na Sidikija koji je bio samo malo raščupan. Dok je grebao po gvozdenom prepletu kapije, tražeći izlaz, Deven se seti da kaže, nejasno, „Ali, Sahibe Sidiki, Nur – Nur" –

Sidiki, i sam malo iskrivljen, bele kose uzdignute iznad glave u obliku šiljka, ščepa Devena za lakat i prošaputa: „Imaš li je? Mogu li da je čujem?"

„Hm?" Deven se uhvati za dve gvozdene prečage i oseti kako mu se rđa zalepi za dlanove. „Ja ne – razumem, Sahibe Sidiki."

„Traku Devene, traku."

Devenova kolena omekšaše, i on se sruši na kapiju koja se ulegnu pod njegovom težinom, uz tresak. Gotovo u suzama, jecao je, „Ne, ne, ne. *Nema* trake."

„Ali", reče Sidiki, pribravši se i držeći nezakopčanu košulju uz vrat, trudeći se da izgleda pristojno, „ali novac je dat, magnetofon je kupljen, ti si išao u Delhi. Pa gde je onda traka?" Zvučao je oštro, ispitivački.

„Nema trake", stenjao je Deven, boreći se da se podigne s kapije u koju se upetljao. Podigavši se ponovo na noge, on spusti ruke na Sidikijeva ramena, da se učvrsti, i odluči da sve izbrblja. „Nema trake. Nisam mogao ni da počnem snimanje. Nur – njegova žena – porodica – traže da im se plati. Oni traže – traže, najpre, novac." Reč „najpre" izlete kroz kišu pljuvačke. Sidiki ustuknu. Oslobodi se od Devena. Zatim ode i stade pored stuba kapije, i osloni se jednom rukom na njega. „Hm", reče.

Uplašen njegovom hladnoćom, Deven se, spotičući se, uputi za njim, ščepa ga za finu, muslinsku košulju kao da će je pocepati.

„Ne mogu više, Sahibe Sidiki. Moraću da odustanem. Ne može se to učiniti. Nur, vidiš, Nur" –

„Slušaj", reče Sidiki, stojeći sad uspravno, i govoreći veoma jasno, zvonkim glasom. „To se mora učiniti. Na moj zahtev novac je obezbeđen za magnetofon. Ti si ga kupio. Ako ga ne upotrebiš u svrhu za koju je kupljen, ja ću biti odgovoran za tvoju – prevaru. Traka je svojina koledža, plaćena unapred. Moraš da je snimiš. Koledž je mora imati." Gledao je Devena malim očima, žestokim kao žeravice.

Deven je, spotičući se, napravio pun krug oko Sidikija, hvatajući se za glavu koju je osećao kao kesu punu slomljenog stakla. Mora da je osetio vrtoglavicu i pao. Našao se na zemlji, koprcajući se u prašini, gledajući male, blede Sidikijeve nožne prste u sandalama. „Ne mogu", cvileo je, „ne mogu. Gde je novac da platim njegovoj ženi? A, ako ne donesem novac, rekla je da me neće pustiti u kuću. Ti ne znaš Sahibe Sidiki, ti ne znaš ništa o njoj – i ostalima – i o kući – kako je" –

„Ne znam, a ne zna ni koledž. Ti možeš sam da izađeš na kraj s tim stvarima, jer to je bila tvoja ideja, tvoj predlog", reče Sidiki, veoma strogo. „Tvoja je stvar kako ćeš postupiti. Ali, snimanje se mora obaviti, traka se mora predati odgovornima." Neki advokat u njegovoj porodici mora da je preneo na njega ovu novu strogost, ovaj ton i stav javnog tužioca. Deven je plakao – bar mu je lice bilo mokro kad ga je opipao prstima. „Kako?" zavijao je kao šakal, na kolenima, „Sahibe Sidiki, *kako*?"

Sidiki je bio mali čovek, no gledao je dole sa visine, s prezirom džina prema crvu. Za trenutak se činilo da se priprema da izrekne istinito mišljenje o Devenu, o svim kukavičkim, puzavim stvorenjima na svetu. No, veče je imalo za njega bolju vrstu zabave. Kao da je izgubio interesovanje za prizor pred svojim nogama. Rekao je samo, „Ako ti je potrebno više novca, moraćemo ga tražiti od vlasti."

„Sahibe Sidiki, možeš li to da učiniš, možeš li – hoćeš li?" brbljao je Deven, toliko lud od olakšanja da je potpuno zaboravio kako se zakleo da će odustati od Nura, od kuće u starom Delhiju, odustati od ideje o intervjuu, od memoara i snimanja, u zamenu za mir i bezbednost svog starog, jednoličnog nepostojanja. „Pošto si ti nesposoban", reče Sidiki okrutno, „moraću, zar ne"? On se okrete od prezrenog stvorenja pred svojim nogama i preko ramena, pogleda kuću, terasu. Tamo su se Čotu i njegovi prijatelji smejali i pevali nešto u horu. Sidiki se nasmeši, dok su mu usne malo podrhtavale. „Biće bolje da odeš, biće bolje da to ostaviš meni, i odeš", reče, i odgurnuvši nogom Devena u stranu, okrete se i žurno, gotovo trčeći, uputi se kući gde se njegov privatni raj odigravao.

Kasnije, Deven nije mogao da razume kako se sve to dogodilo – kako je on, centralna ličnost celog poduhvata, njegov protagonista (ako se ne računa Murat), onaj od koga je zavisila cela stvar oko intervjua, snimanja i memoara, u čemu je Sidiki bio samo sporedna ličnost jer je stigao na scenu slučajno, u poslednjem stadijumu, i igrao beznačajnu ulogu, kako se on, Deven, u toku te večeri odrekao sopstvenog autoriteta i predao ga Sidikiju koji sad ispada jači, dok je on, zaveden, bačen na kolena, prezren i brbljiv u svojoj nemoći. *Kako?*

Šta su mu Sidiki i Čotu dali da pije, što ga je spustilo na nivo vredan prezira? Sumnjao je na piće, zato što je njegovu duševnu nesreću pratila fizička beda – sad je provodio vreme, trčeći do nužnika na kraju dvorišta, presavijen od bola, a izlazio odatle bledog lica koje je sijalo od znoja.

Kad mu je Sarla dala neki čaj od trava da pije i otišla po neke praškove kod homeopata u bazaru, samo je gucnuo vrelu, začinjenu i mirisnu tečnost i uverio se da sve to nije bilo ni od hrane, ni od pića, čak ni od zlobe Sidikijeve, nego samo od njegove panike. Potresen time kao nekim fizičkim poremećajem, nije više mogao da kontroliše svoje telo. Kako ostali svet to kontroliše, upravlja, organizuje i uređuje, čak i uspeva? Još uvek je bio presamićen pored stola, pijući kratkim gutljajima čaj, i pokušavajući da ruke drži što dalje od pakla cigareta na stolu, kad mu sin donese žut koverat. Bio je to telegram, i on ga otvori prstima koji su odavali nervozu.

„Obavesti odmah kad će snimanje početi i kad će transkript biti poslat u redakciju *Avaza* stop ceo broj stoji zbog tog odlaganja stop zahtevam objašnjenje Murat."

On ga zgužva i baci preko stola, ali tako slabo, da nije pao nego je ležao tamo i dobro se video. Da bi pobegao od njega, mora da napusti kuću.

Stajao je ispred vrata kantine i prebirao po džepu da pronađe sitninu, kad ču kako ga Sidiki zove. On pođe polako pokušavajući da se u hodu pribere, veoma svestan da mu je potrebno dostojanstvo za ovaj susret. Sidiki se hladno nasmeši i reče: „Gotovo je, ti si Devene, srećko. Primetio sam kako stvari idu tebi na ruku dok mi ostali moramo da radimo za njih."

„Šta hoćeš da kažeš?" zapita Deven sumorno siguran da je ismejavan. Celog svog života nije nikad ni zvirnuo u lice lepe boginje Sreće. Sarla je redovno vršila *rija* pred obojenom oleografijom boginje Lakšmi koja je visila u uglu pored njenog toaletnog stočića, prinoseći joj cveće, mirise, i sveće, ali pljosnato, ružičasto lice boginje u plavom sariju nije nikad reagovalo. Ni njemu ni Sarli nije nikad odgovorila osmehom.

„Mislim kako te je pisar opet spasao. Juče sam proveo s njim celo poslepodne – zašto ne pođeš sa mnom na kafu pa ću ti sve ispričati."

I ispričao je. Izgleda da je Sidiki posetio pisara i razgovorom s njim o danima koje su proveli kao studenti u Laknou, podsećanjem na nagrade koje je on, Raj, dobio za kriket i pesme doveo ga u takvo raspoloženje pa kad mu je objasnio kako novac odobren od direktora za magnetofon ne može da pokrije ceo projekat i da je potrebno još novca, pisar je obećao proslediti slučaj i postarati se da se s njim postupi „blagonaklono".

„I što je još važnije, to je i učinio." uzviknu Sidiki, ponovo svetla ptica koja nikom ne čini nikakvo zlo. Smejao se ponosno i radosno.

Deven je zurio otvorenih ustiju. Nije mogao da vidi zašto bi iko njemu pomogao. Nije više znao da li treba da mu se pomogne – ili čak da li želi da mu se pomogne. Da li mu ti ljudi zaista pomažu da uspe u jedinstvenom i divnom poduhvatu ili ga jednostavno zaključavaju sve jače u zamku sa rešetkama? I da li je zamku postavio Murat, Sidiki ili Nur i njegove žene? Sve što on zna jeste da je on koji je nameravao da ulovi Nura, sam ulovljen. On je plen.

„Možeš li da izgledaš zadovoljniji? Hteo si novac da platiš Nuru za recitovanje i direktor je i to odobrio. U stvari to je novac koji je neki donator poklonio biblioteci – neki Lala Bagvan Das – ali nije bio još potrošen, tako da se može potrošiti na snimanje jer će trake najzad biti stavljene u biblioteku kao začetak buduće zbirke. Bibliotekar se najpre bunio što će trake koristiti samo Urdu katedri, i nije pravično lišiti druge katedre njihovog dela bibliotečkog fonda. Naravno, to je apsurdno jer od kakve su vrednosti knjige o mostogradnji, agronomiji i hemiji studentima Urdu. Takođe, ako on započne biblioteku traka, on može ohrabriti druge katedre da prihvate audiovizuelni metod u nastavi. Tako je bibliotekar bio ubeđen, a direktor je pristao da obezbedi novac da se plati Nuru za snimanje. Ti treba da odeš u pisarevu kancelariju, uzmeš ga – a onda opet pravo u Delhi – Deven-*bhai*? Imaš suviše sreće, prijatelju, *suviše*", trubio je Sidiki i prsnuo u smeh u Devenovo zbunjeno lice.

Postojale su još dve prepreke koje je trebalo ukloniti da bi on mogao krenuti prema Nuru, poeziji, uspehu i besmrtnosti. Ležale su pred njim kao dve gomile otpadaka, nagomilanog đubreta koje smeta i on je znao da ih mora savladati pre no što bude mogao da nastavi posao.

Jedna je intervju sa šefom Hindi katedre, male zle lasice od čoveka po imenu Trivedi koji je nekad davno objavio nekoliko kratkih priča u nekom ženskom časopisu, prestalom da izlazi i kojeg se niko više ne seća, i predavao je u koledžu mnogo pre no što je Deven došao. Svakog je gledao sa istim izrazom manijačke mržnje i kao da izračunava pravo vreme da se ustremi i ujede. Deven se suočavao s tim toliko često, čak je to i očekivao i samo se pogurio malo i promumlao zahtev za nedelju dana odsustva.

Kao što je i očekivao, Trivedi dreknu, „Nedelju dana odsustva? Pred sam kraj semestra? Zbog čega? Zašto ne sačekaš dok se koledž zatvori? Nisu ti dovoljna dva meseca? Ima li granice lenjosti današnjih mladih ljudi? Kakav je to primer tvojim studentima? Treba li i oni da se raspuste nedelju dana ranije?"

Deven nije popuštao. Posadivši se čvrsto u stolicu preko puta Trivedijevog stola, čije je ivice čvrsto držao rukama što mu je pomoglo – mumlao je dugo, nepovezano objašnjenje dok je Trivedi pravio strašne grimase kao glumac koji uvežbava *rudra rasa*, razjarenu ćud – otvarajući usta, kezeći se, žmireći, zatvarajući jedno uvo rukom i mršteći se. Kod njegovih studenata to je izazivalo veselje ali Devenova sklonost smejanju odavno je bila paralizovana, utrnula.

„Šta?" reče najzad Trivedi, „Urdu pesnik? *Njegovi* memoari? *Njegova* poezija? Snimanje na traku", kreštao je. „O čemu to govoriš? Zar to ne može da priček? Zašto se to ne može učiniti za vreme letnjeg raspusta?"

„Gospodine, mnogi ljudi su u to uključeni. Izdavanje časopisa je zadržano. Sam sahib Nur bi hteo da to počne pre no što ovlada veća vrućina jer on je slabog zdravlja. Njegovoj ženi potreban je novac za domaćinstvo. A druga žena koja je bila bolesna počela je da se oporavlja i može ne pristati da mu dozvoli snimanje ako to čuje" –

„Šta, šta, šta?" frfljao je Trivedi tresući perom pa su velike kapi mastila letele preko stola. „ Kakvo je to đubre? Jesi li ti poludeo? Svi vi? Uvek sam mislio da je neki besan pas protrčao kroz koledž ujedajući i osoblje i studente podjednako – vi ste svi ludi, imate besnilo, eto šta je to" zapenušio je. „Bolje ti je da odeš odavde" –

„Na odsustvo, gospodine?" viknu Deven, skočivši i pokušavajući da izbegne mrlje mastila na svojoj beloj košulji. „Jednu nedelju odsustva, gospodine?"

„Jednu nedelju? Za mene bi bila uteha ako bi to bila jedna godina", urlao je Trivedi „i ne želim više da vidim tvoju gubicu. Šarma, unazadiću te – postaraću se da ne potvrde tvoje mesto, premestiću te na tvoju ljubljenu Urdu katedru. Neću da imam muslimanske ulizice na svojoj katedri, uništićeš moje dečake tvojim muslimanskim idejama, tvojim Urdu jezikom. Žaliću se direktoru, upozoriću RSS, ti si izdajnik" –

„Da, gospodine, otići ću, gospodine", Deven izgovori i izađe na vreme da izbegne mastionicu koja je zavitlana na vrata, pogodila zid i razbila se u eksploziji crnog mastila. Budući tretiran kao učenik on se i oseti takvim. Prigušeno se nasmeja.

Izlaženje na kraj sa Sarlom bila je sasvim druga stvar. Ona nikad nije podizala glas u njegovom prisustvu – bezbrojne generacije Hindi žena iza nje stajale su joj na putu, sprečavajući je da pokaže otvorenu pobunu. Deven je znao da će ona vrištati i biti surova samo kad je bezbedno po strani, u kuhinji, u svom carstvu. Njen drugi način odbrane jeste da ode u spavaću sobu i cmizdri, odbijajući da govori, podstičući njihovo dete da cvili sa njom.

Šta će biti ovog puta, pitao se Deven dok ju je obaveštavao za vreme doručka koji se sastojao od sinoćnjeg hladnog, *suvog puris-a* i šolje čaja, da neće s njom otići u posetu njenim roditeljima, da će biti suviše zaposlen da joj se tamo pridruži kasnije, da u stvari započinje raspust nedelju dana ranije da bi se prihvatio nekog posebnog posla koji mu je iskrsao u Delhiju te bi mu odgovaralo da ona uzme dečaka i otputuje kući svojih roditelja nedelju dana ranije, u kojem slučaju bi on nju ispratio pre no što bude mogao i sam da otputuje.

Odavno Sarli nije bilo upućeno toliko mnogo reči. Stajala je pored njega otvorenih usta držeći činiju s jogurtom ukrivo te je jogurt curio i razlivao se po stolu.

„Odnesi to, vidi šta si uradila", reče joj Deven oštro.

Ona uzmače jedan korak. „A šta da kažem mojim roditeljima? Kako da im objasnim sve ovo?" Uspela je najzad da izgovori prigušenim glasom.

„Reci im ono što sam ti ja rekao – to *je* objašnjenje", reče gledajući je prodorno.

„Oni će – oni će pitati gde si i šta radiš", promuca ona.

„Kako da im kažem? Oni su nepismeni, kako da razumeju *moj* posao?" Deven viknu i ustade od stola odgurnuvši metalni služavnik novom snagom. Sad je bio nestrpljiv, čovek koji nema vremena, i mora da žuri.

Kad će raščistiti sve te gomile đubreta i ugledati otvoren komad puta pred sobom? I kuda će ga to odvesti – do još jedne gomile otpadaka, ili najzad do čistog, svetlog horizonta.

GLAVA DEVETA

Tad nastade period kad su se događaji kretali takvom brzinom a slike i osećanja se zbili tako gusto da je Deven izgubio raniju viziju svetlog horizonta i praznog puta, bio bačen na letećeg konja vrteške koja se okretala oko svoje osovine tako zveketavom brzinom da on nije mogao odgonetnuti nijednu sliku, niti je mogao da prati nijednu sekvencu i samo je bio svestan juriša stvari koje su proletale pored njega, čas penjući se postepeno, čas silazeći, u krugovima oko njega, te je osećao vrtoglavicu, pomalo mučninu i gotovo se kikotao od radosnog uzbuđenja.

„Najzad si to, Devene, organizovao" reče Murat obazrivo pomolivši glavu kroz vrata. „Nije čudo što si usne razvukao u osmeh od uva do uva."

Deven stisnu zube, „Ne, ne smejem se", promuca takođe oprezno.

„Izgledaš kao da si dobio sinove blizance ili najzad objavio onu lošu knjigu svoje poezije". Još uvek je stajao napolju oslanjajući se rukom o dovratak. Nabra svoj veliki boginjavi nos tako da su se ožiljci spojili u tamno natmuren pogled.

„Šta nije u redu, Murate? zapita Deven nervozno.

„Ovo je velika soba, mirna kuća, Nurova begum je to uredila kao što znaš."

Čekala je na drugoj strani vrata kad je on plašljivo udario po njima dlanom. Odškrinu vrata i prošaputa prenaglašeno kao u melodrami „Jesi li doneo?" i Deven proturi kroz otvor debeli koverat, ponosno joj rekavši,

„Prebrojte – sve je tu." No, ona ga samo strpa u bluzu

podigavši izbledeli veo, otkrivajući obojenu kosu, retku i očešljanu preko gotovo ćelavog temena. Izgledala je starija i pohabanija na jarkoj svetlosti letnjeg jutra. Imala je nekoliko zuba potpuno pocrnelih. Zatvorivši jedno oko, pokaza mu preko ramena dole niz sokak na jednu od visokih kuća, i pokrenuvši bradu izgovori, „Tamo, ona poslednja u redu, ružičasta kuća. Uđi na sporedna vrata, jedna žena će te dočekati i odvesti u sobu na spratu – sve sam uredila, poznajem tu ženu, ona mi je stara prijateljica. Soba je na vrhu, tiha, ima poseban ulaz i nema veze s ostalim delom kuće. Sve će biti kako treba. Idi i čekaj tamo, ja ću poslati sahiba Nura."

I tako je on došao do te ružičaste kuće u sokaku, neobično tihe, prijatno ukrašene, očigledno napuštene. Pre svega, uplašio se jer je sporedna vrata čuvao čovek koji je izgledao kao rvački šampion. Crne vijuge dlaka štrčale su mu iz otvora crvene košulje sa zlatnim dugmadima. U ušima je imao zlatne minđuše. Velika usta bila su puna soka od betelovog lišća, a ulje mu je curilo iz kovrdžave kose koja se plavo presijavala na svetlosti. Deven je morao da se uzdrži da ne promrmlja, „Izvinite, greška", i pobegne. Umesto toga, on promuca Nurovo ime, na šta čovek ustuknu korak i viknu nekome. Pojavi se žena – visoka, iznenađujuće lepo obučena, pomalo drečavo. Imala je biserne minđuše i staklene narukvice, obučena u neki laki materijal od gaze koji je gotovo pokrivao boginjavi ten i lice dobro napudrano. Podigavši ruku do čela, pozdravi ga ćutke malo uvrnuvši usne među kojima je držala mirisni betelov orah, a onda mu dade dozvolu da bude odveden na sprat. Zamolio je za jedan minut i izašao da zvizne Čikuu koji je sumorno sedeo u rikši napolju sa magnetofonom na kolenima, čekajući mrzovoljno na vrućini. Deven mu pomože da nosi razne delove opreme uz popločane stepenice koje su neprijatno mirisale na mokraću i jeftin parfem, do vrha kuće prolazeći pored vrata na kojima su visile cvetne zavese kroz koje je on video krevete, zaspale osobe, ogledala i toaletne sitnice – ali naravno nije zastajao da zagleda. A Čiku se penjao polako, zastajući pred svakim vratima, buljeći unutra s otvorenom radoznalošću, ustiju malo otvorenih, dišući teško na svoj adenoidan način. Pred vratima su bile cipele ili prazne čaše, služavnici s otpacima. Je li ovo hotel? Deven se malo trže od zebnje pri pomisli da bi se možda mogao pojaviti račun koji treba platiti.

„Hajde, hajde", podviknu Čikuu, „ mora sve biti pripremljeno kad stigne sahib Nur – ne možemo gubiti vreme – sve to treba završiti za ciglo tri dana."

Tri dana.

„Koliko će ti vremena biti potrebno Devene-*bhai*?" pitao je Murat žvaćući komad *paana* i gledajući okolo, procenjujući prizor – jastuci i jastučići razbacani po dušeku pokrivenom belim čaršavima, pljuvaonica, srebrna kutija s *paanom*, čaše i bokali vode u jednom uglu, oprema za snimanje nagomilana u drugom, ovenčana oleografija sveca sa Juga, čupave glave, visila je na zidu, ispod nje tuba fluorescentnog osvetljenja, i zaludne osobe koje su sedele na zastiračima, pogrbivši se ili opruživši se dok su čekali pesnika da se pojavi.

Deven se malo namršti kao da ga lako boli glava. Nije se trudio da odgovori. Nije mogao. Dani su klizili kao vrsta nehotične tečnosti, curili. Kao da nije imao kontrolu nad njima ili nad onim što se događa u njima.

„To nije nešto što se može obaviti po određenom rasporedu", promucao je, a razbesneo ga je način na koji je Murat lagano klimao glavom kao da su se njegove sumnje potvrdile. „Hoćeš li da uđeš?" zapita ga razdražljivo.

Murat frknu, „Nemoj često da dolaziš na ovakva mesta", zlobno ga pogleda. „Nikako u ovakav gradski stan."

„A koji je onda *tvoj* gradski stan?" Izazivao ga je Deven, besan što on ismeva njegov tako mučno organizovan posao.

Murat je trenutno izgledao iznenađen tako pokazanim duhom. „Pa, prijatelju, nisam imao pojma da je tvoj", reče, pomerajući komad betelovog lišća u ustima i poče gotovo da ga žvaće.

„Nije moj – već sahiba Nura", reče Deven braneći se, „i mi smo u njemu samo dok završimo snimanje."

„Dobro", reče Murat kročivši najzad jednom nogom u sobu, nakon što je dugo raspravljao o toj stvari. Imao je na sebi bele uske pantalone i široku košulju (*kurta*) na kojoj su se već videle fleke od znoja. „Došao sam baš to da vidim – kako napreduje – tako da dobijem neki pojam koliko će to trajati."

Deven odmahnu rukom sa finom bezbrižnošću koju u stvari nije osećao. Pokret zamre u vazduhu zbog nedostatka ubeđenja. „Koliko dugo? Zašto je to važno? Može li pesnika pritiskivati vreme? Ne može se očekivati od njega da jednim okom gleda sat, Murate-*bhai* – on je besmrtan i pripada svim vremenima."

Izraz gađenja pojavi se na Muratovom licu. „Šta ti je – jesi li pijan – tako rano ujutru?"

Ali Devenu nije bilo potrebno da pije da bi osetio kako mu se opasna euforija razliva po telu – nije to izazvalo piće, nego Nur.

Pre svega Nur je govorio samo o jelu i piću. Podvlačeći stopala poda se – bela stopala kao u leša starog čoveka koji se malo kreće. Izabrao je to kao glavnu temu na Devenov užas koji je baš dao znak Čikuu da pokrene mašinu i počne da snima Nurove nepropadljive reči.

„Sahibe Devene, treba poslati u bazar po *biryani*", reče odjednom, teško dišući kao da je žurio da stigne ovamo i izda uputstva. „Hteo bih dobar *biryani* s jagnjetinom iz Džama Masdžida za ručak. Ima jedan čovek, izbeglica iz Pešavara, iza džamije koji to priprema po mom ukusu – s pravim šafranom koji ne daje samo boju pirinču nego i miris, a naravno, pirinač mora biti dugačak, fini, iz Dera Duna. Znaš li da je on napustio Pešavar i došao ovamo zato što nije više mogao tamo da dobije tu vrstu pirinča? Rekao je da ne može pripremiti svoj *biryani* bez tog pirinča i zato se ovde i nastanio.

Dobro je što imam takvog suseda. Ako mu pošalješ nekoga sa mojom narudžbinom on će to poslati ovamo – on poznaje ovu kuću." Smešio se zadovoljno na svoju pratnju, u najboljem raspoloženju. „Često sam to poručivao." Nasmejao se zbog srećnog prisećanja. „Na kraju duge noći, kad je zora svitala nad džamijom, izašao bih napolje na balkon i viknuo – bila je to utakmica između mene i mule, ko će prvi pozvati, ja za moj *biryani* ili on za prvu molitvu dana. Oh, kako bih vikao, cela kuća bi se probudila, *bibi-ji* bi bila toliko ljuta i dolazila da grdi", mrdao je nožnim prstima od radosti, kao belim crvima koji se izvlače iz groba, „ali, ona bi poslala momka da donese jelo i ja bih seo i jeo dok su drugi prostirali svoje ćilimčiće i pripremali se za molitvu, takav sam nevernik bio u svojoj mladosti. Ah taj *biryani*, taj miris pirinča i šafrana u zoru, činio je više da se setim Alaha, mnogo više no što je to mogao mulin poziv."

A Deven, koji je pravio frenetične pokrete i grimase upućene Čikuu na drugoj strani sobe da zaustavi mašinu, saže glavu i poče da sluša, ubeđen da će Nur početi da citira nešto iz svoje poezije, verovatno stih o svojoj raskalašnoj mladosti, onaj u kojem se igra mnogim rečima o vinu, peharu i onima što služe vinu...

Ali Nur se popeo na još jedan stepenik letve bliži predmetu pića. „Neki misle da je viski jedino piće koje ide uz *biryani* – tako je mislio Rafik koji je često jeo sa mnom *biryani* u zoru – ali ja sam otkrio", i njegov glas se spusti na tamnomrki nivo dubine, „ja sam otkrio da rum isto tako ide ako ne i bolje", i on se okrete Devenu i prostreli ga lukavim pogledom. „Devene-*bhai*, moraš poručiti flašu ruma ako treba da jedem tvoj *biryani* – ne može se on sprati ničim što nije rum, ne, nikako, *biryani* sahib Khana. Šta veliš?" i on se okrete mladim ljudima koji su ga dopratili uz stepenice do njegove sobe – isto đubre koje ga je okruživalo svake noći na terasi – i zakoluta očima na njih tako komično da su oni vikali s radosnim odobravanjem. Čini se njihov glavni cilj bio je da ga naprave senilnim.

„Rum" vikali su, dok su drugi urlali „*biryani*", a Deven, usplahiren, osvrtao se da vidi ko će finansirati tu gozbu. A oni su gledali u njega u nasmejanom očekivanju.

On je onda morao da uputi svoju paničnu molbu Muratu. „Murate", preklinjao je na telefonu, „bez para ja sam gotov. Sve što mi je koledž dao predao sam njegovoj begum. To je novac za Nura. Nisam očekivao sve ove troškove, ove slučajnosti. Ne mogu da se vratim u moj koledž – ipak postoje granice – ali bez novca ne mogu navesti Nura da išta učini ni pet minuta."

Murat je puštao ogorčene zvuke s druge strane žice. Da li je bio ljut? Zabavljao se?

Deven se premeštao s noge na nogu u agoniji. Apotekar iz čije je radnje telefonirao posmatrao ga je s neprijateljskom podozrivošću ne obraćajući pažnju na molećivog kupca kod tezge. Deven mu je rekao kako mora da telefonira da bi doznao kako je jednom pacijentu u bolnici kome su potrebni neki retki i skupi lekovi. Spustio je glas do šapata. „Donesi nešto novca. Ipak je to za tvoj časopis. Mora da imaš neke fondove. Kažem ti, sve će biti uzaludno, sve ovo što smo organizovali, ako nemam novaca – za slučajnosti. Bar mi obezbedi dovoljno da ga hranim, i pojim, i to je sve."

Nije bio u stanju da izvuče od Murata ništa više sem nekoliko grokota, on izgleda da nije voleo da komunicira preko telefona i sem nekoliko prigušenih zvukova, nije ništa odgovorio. Ipak je došao sledećeg jutra, proturio glavu kroz vrata sa izgledom sumnjičavog gargojla, i kad je Deven zapitao „Jesi li doneo?" ljutito klimnu glavom i reče preteći, „Jesam, ali ću to odbiti od tvog honorara", a zatim pregleda sobu da bi procenio situaciju.

Na sreću, gozba i pijenje nisu se nastavili bez prekida. Nur, u svojim godinama, a slabog zdravlja nije mogao da održava svoje skupe ćefove. Mladi sluga koji bi ga dopratio do kuće svakog jutra, starao se da bude zadovoljen kako odgovara njegovom statusu, no ništa više od toga. Na Devenovu sreću bilo je časova kad bi, bez neprikladnog podsticanja, vadio svoje naočare sa metalnim okvirom, tražio da mu donesu školske udžbenike, čistio grlo sa bolnim preterivanjem, a onda čitao stihove ushićenoj publici. Tad bi Deven veselo klimnuo glavom Čikuu na drugoj strani sobe, kao trener koji daje znak za početak trke, a Čiku bi se pokrenuo i počeo da petlja i nosi duge žice i kratke mikrofone kroz sobu, pretvarajući mrzovoljnu mrgodnost lica u izraz samovažnosti. Podigao bi ruku zapovednički, zahtevajući da se električni ventilatori ugase jer prave uznemirujuću buku ili da se vrapci isteraju iz sobe. Nur bi tad, razdražen do neizdržljivosti takvim prekidima, počeo visokoparno da govori o zlima psihologije – „Kažeš da su ga oslobodili zakona zemljine teže i poslali ga u svemir – ali u kakvom prevoznom sredstvu? Vozilo napravljeno od čelika jeste samo čelična zamka. Čovek se ne oslobađa pomoću aviona, on je u njemu uhvaćen u klopku. I kako će duša pesnika da se podigne i plovi kad pokušavate da je uhvatite u kutiju među vašim kolenima?" – I Deven je bio primoran da mu ponudi piće i dâ znak da se uključe ventilatori u naporu da ga ohladi. Gunđajući bi pristao da im oprosti i recituje stihove koje je napisao u svojoj mladosti o letenju a to je bilo poznato njegovoj publici, lako i voljeno.

Zanesen njihovim slatkim tonovima i šaputavim sibilantima, Deven bi se spustio na pete, zatvorio oči, klimajući lagano glavom u znak slaganja s pesnikovim osećanjima, i nije primećivao da Čiku još uvek petlja oko mašine i ništa ne snima. Kad su, najzad, njegovi nespretni, nestrpljivi prsti sve sredili i on upalio mašinu, bilo je suviše kasno: Nur je završio recitovanje i počeo da se seća svojih golubova i traka, bitki i takmičenja koja je imao s njima na krovu, o svom omiljenom golubu lepezanu i nagrađenim golubovima prevrtačima, ne primećujući kako njegova publika zeva, šapuće i namiguje.

Kad je najzad to primetio postao je melanholičan. „Naravno, niko od vas ne zna za tu kraljevsku igru. U staro vreme nebo Delhija bilo je kao sjajna tapiserija – a ne debeli jorgan dima i isparenja kakvo je sad. Vazduh je bio sjajan kao komad svile, sunce je sijalo po njemu kao ogroman zlatni visuljak koji je izradio draguljar, a kad bi lepezani leteli ka njemu pretvarali su se u dragulje i zasenjivali oči. Čak samo sa dve rupije u džepu bio sam tad bogat čovek", razmišljao je i pripovedao dugačku priču o nekom susedu, pohlepnom nevaljalcu koji je žudeo za njima i pokušao da ih ukrade od njega. On poče da psuje kao da se krađa dogodila tog istog jutra umesto pre pedeset godina.

Deven kasno shvati da je on sad govorio u prozi, najobičnije vrste, i pokuša da upozori zaboravnog Čikua da može isključiti magnetofon, no Čiku je dremao a Nur je s vremena na vreme ubacivao stih ili dva kao dobro uglačano čelično sečivo koje seče kroz zamršeni konac njegovih sećanja, pa se činilo da vredi to snimati. Sve će to moći da se rediguje kasnije, pomisli Deven nejasno, i odustade od pokušaja da prati Nurov dug i zamršeno stručni opis treniranja šampiona. Nikad nije zamišljao da ima toliko mnogo da se kaže o hobiju ljubitelja golubova i pitao se kakvu vezu, ako ona uopšte postoji, takav sport može imati sa umetnošću poezije. Stoga je napeto slušao, no ostali su otvoreno pokazivali da ne slušaju.

Uz grimasu na licu Nur završi, „Uzaludno je govoriti o tome – to je kao kad bi se iščupalo repno pero iz mojih lepotana da bi vam ih pokazao i ostavio gole moje ljubimce. Uh", eksplodira on, mašući rukama ispred lica kao da hoće da izbriše ono što vidi. „Moći ću da vas podnesem samo ako mi date malo ruma – ne, mnogo ruma zato što vas ima mnogo."

Smejali su se popustljivo i punili mu čašu iz flaše koju je Murat doneo sa sobom i stavio je iza testije s mnogo trčanja uz stepenice i niz stepenice, donošenja, pronošenja i dodavanja. Tek kad su dali čašu Čikuu, otkriveno je da on čvrsto spava, magnetofon još uvek radi uporno snimajući sve Nurove grdnje i psovke. Užasnut, Deven mu uze čašu i prosikta, „Jesam li te doveo ovamo da piješ i spavaš? Zar ne možeš da ostaneš budan čak ni na poslu."

„Kakav mi je to posao koji traje dvanaest sati dnevno?" gunđao je Čiku trljajući krmeljive oči i šmrkćući.

„Daj mu piće, jadni dečko", reče njegov sused, neki debeli i veseli čovek koji je to gledao: za njega je Čiku bio dodatak zabavnom prizoru, *tamasha*.

„Ne", šiknu Deven, „on *neće* dobiti piće" i sede pored njega da to spreči: dečaka je trebalo ručno terati da radi svoj posao.

Nije samo Čikuova neveština pretila da sabotira Devenov s mukom konstruisan projekat: svi ti zaludni ljudi, bezobzirni klovnovi, neprestano su pokušavali da sve to pretvore u pijanku, sve više se približavajući pesniku, postavljajući se između njega i Devena, nudeći svoje čaše i flaše. Stalno su ga odvraćali od svakog pokušaja da se posao završi i navodili ga da govori o stvarima koje je Deven osećao da neće zanimati akademske krugove. Ipak nije bilo jednostavno razdvojiti prozu od poezije, život od umetnosti. Ponekad, dok je Nur pričao o svojoj mladosti, školovanju, putovanjima, svojim ljubavima i svađama, Devenu je padalo na pamet da to ipak ima neke veze s njegovom umetnošću. Prenuvši se naglo, on bi terao Čikua da pokrene mašinu samo da ustanovi da je Nur iznenada prekinuo svoju priču. Nastala bi pauza, ne baš tišina jer je napolju saobraćaj trubio i tutnjao, u sobi su električni ventilatori divlje škriputali, a puno gnezdo vrabaca u svetlarniku lepršalo je krilima i cvrkutalo, nego zbog tišine od strane pesnika.

Izbezumljen, u nastojanju da ga natera da nastavi svoj monolog dok se traka skupo okretala, Deven se jednom toliko zaboravio da se nagao i prošaputao sa iskrenošću onog ko intervjuiše, „Gospodine, jeste li u to vreme pisali poeziju?"

Efekat je bio porazan. Nur, koji je baš pružio ruku da uzme piće, zaledi se. „Poeziju?" ispali oštro na Devena. „Poeziju perioda? Misliš li ti da pesnik može biti mleven između kamenova, i krvariti da bi stvorio poeziju – za *tebe*. Ti misliš kako možeš pokrenuti tu mašinu za mlevenje, a ja ću ti odmah proizvesti jednu dužinu sirovog, crvenog samlevenog mesa koje možeš odneti svojim profesorima da jedu?"

Deven saže glavu, posramljen. Čiku se smejuljio. Traka se okretala, beležeći nesreću i poniženje.

A ipak, ponekad je Nur recitovao svoju poeziju tiho, ozbiljno, bez ikakvog Devenovog podsticanja i nagovaranja. To se događalo povremeno, rano ujutru, čim bi stigao, kad je bio dovoljno svež da bude živahan i pažljiv u onome što radi, i pre no što bi talasi razornog besposličenja, koje mu je upućivala njegova ravnodušna publika, stizali do njega i savlađivali ga. Stavljajući naočare na nos finim pokretom naučnika, otvorio bi jednu od svojih knjiga za decu na kolenima i počeo bi da čita glasom zapevajućim, nežnim, prekidajući da Devenu objasni okolnosti pod kojima je napisana pesma ili da ukaže na sličnost svojih ideja s idejama i slikama pesnika kojima se divio. Na Devenovo iznenađenje, ti pesnici bili su Bajron i Šeli koga je citirao često i preterano.

„O divlji zapadni vetre tvoj dah donosi jesen" – on bi to intonirao glasom približavajuće grmljavine što je čak i Čikua nateralo da obrati pažnju. Ili, nežnije i lakše, s ljubavlju:

Pozdravljam te, veseli duše
Ptica nikad nisi bio...

Jednom je prekinuo recitovanje svojih dobro poznatih stihova o zavođenju i slabostima žena koje svet poznaje kao *Rose* pesme, da zapita Devena koju poeziju najviše voli i dok je Deven mrmljao i grozničavo pokušavao da se seti jednog naslova, jednog stiha koji bi ga spasio da ne ostavi utisak potpune neznalice, on diže ruku i reče, „Slušajte, slušajte najveće stihove koji su ikad napisani", i dramatično poče:

> O šta te boli, naoružani viteže,
> što sâm i bled lutaš?

Recitacija je bila tako duga i ispunjena fino podešenim stankama i pokretima, da je Deven počeo da se pita da li to ima neke veze sa tim vidom pesnikovog privatnog života u koji je on nenamerno i zastrašujuće zavirio, i počeo čak da primećuje neke psihološke veze pre no što je shvatio da Nur završava treće recitovanje onog što je očigledno bila njegova omiljena pesma. Srećom, u tom trenutku savlada ga promukao kašalj i dok mu je služinče sipalo u grlo čašu pogodno tople vode, Deven se okrete diskretno da predloži Čikuu šapatom da drugo i treće izvođenje može da izbriše sa trake, i otkri da je Čiku, koji je opet spavao, zaboravio da uključi traku na vreme tako da je bilo tri čitanja Kitsove duge pesme, ali nijednog stiha Nurove pesme koju je recitovao ranije. Deven oseti kako mu se tamnocrveni talas podiže u uhu i preti da mu implodira u glavi.

Ono što je spaslo Čikua – pored potrebe da se od Nura sakrije ovo amatersko bumbaranje – bila je gungula koja baš u tom trenutku izbi. Čuli su se takvi krici, vika i zvuci batinanja, da ne samo što Deven nije mogao a da prigušeno ne uzvikne nego je čak i Nur morao da se uzdrži da po četvrti put ne recituje „La Belle Dame Sans Mercy". Svađalački glasovi bili su očigledno ženski, jezici kao bičevi upotrebljeni sa uvežbanom umetnošću. Neko se izgleda opirao da bude izbačen, zatim su se čuli koraci nekog čoveka kako se penje stepenicama, krici postadoše prodorniji, zvuk batinanja nasilniji i najzad se ču zvuk kao prigušeno kotrljanje tela koje pada niz stepenice, što su svi slušali otvorenih usta.

Deven se podiže na noge i uputi se vratima, drhtureći pri pomisli da bude uvučen u prizor nasilja, ali se osećao dužan da zaštiti Nura od takve vulgarnosti. Međutim, on nije izašao zato što su ga svi zvali da se vrati, sasvim veselo. „*Bhai*, ostavi ih, takve stvari događaju se ovde stalno", reče neki mladić usta punih *paana*, kikoćući se prigušeno „obično ne danju. Neko je ostao duže."

„Otkud znaš?" zapita ga Deven oštro. On posebno nije voleo tu kreaturu koja je dolazila obučena u odeću tako slobodnu da je to bilo gotovo nepristojno i sedeo je oslanjajući se na zid nogu ispruženih tako nemarno da su mu prljava, gola stopala bila uvredljivo upravljena prema Nuru. „Otkud znaš?" ponovio je.

Svi su se nasmejali ali niko nije odgovorio. Nur, koji je slušao glave nagnute na stranu kao u lukave stare ptice, namignu i poče da priča o nekoj svađi u koju je on bio umešan. Ljudi su se toliko smejali da je priča toliko unakažena i isprekidana pa je Deven nije mogao pratiti.

Te večeri, kad je Nur otišao a ostali prikupljali svoje stvari i pripremali se da pođu za njim niz stepenice, mladić u slobodnoj odeći i prljavih stopala prišljamči se Devenu i reče, „Je li ti poznato da li on dolazi ovamo zbog snimanja za tebe ili da lovi novu ženu?" Deven je blenuo zapanjen. „Zar nisi znao", nastavi čovek ćuškajući ga savijenim laktom u rebra, „ nemoj reći kako ne znaš – da je svoju drugu ženu našao ovde u ovom budoaru. Ko zna, možda traži treću." Presavivši se od smeha, otkotrlja se pre no što je Deven mogao da ga ščepa za grlo i ućutka. Gledajući u svoje bespomoćne, drhtave šake, Deven oseti kako je to sve izvan njegove moći, njegove kontrole. Uzimajući Nurovu umetnost u svoje ruke, zar je morao da sakuplja i ubrljane, prljave, bezbojne i smrdljive krpe njegovog života? Znao je da ne može.

Čiku, posmatrajući ga, prekide mu misli pitanjem, „Hoćeš li da čuješ šta smo danas snimili? Da pustim traku?"

Deven oseti da to ne može podneti. „Spakuj sve i skloni", reče.

Posle toga ulazio je u kuću sa svakodnevnim strahom. Čak ni soba na vrhu nije više bila privatan, zatvoreni svet. Mada je pozadina kuće bila u tihom sokaku, kuća je bila okrenuta jednoj od glavnih ulica bazara i kakofonija saobraćaja kroz ulicu, dizala se i ulazila u sobu kroz sva otvorena vrata i prozore. Često bi se saobraćaj zagušio pa je ljutito, nestrpljivo odjekivanje truba i zvonjenje bicikala postajalo tako pomamno da su svaki razgovor i recitovanje morali da se zaustave, utičući da se Nurovo lice povuče u senku namrštenosti.

Jednom je neki pretovareni kamion ušao u sokak pa posle nije mogao da izađe iz njega. Stvorila se gužva ljudi da daje savete što je vozaču smetalo, i nastade bučna svađa. Zaboravljajući na Nura, svaki čovek izašao je iz sobe na balkon da posmatra. Nekoliko žena iz kuće izašlo je na svoje balkone ispod, a mladići, umesto da se potrude da ne gledaju, što je Deven činio, ispinjali su se preko ograde balkona da im zvižde i mašu. Kad je pokušao da ih odvuče i natera ih da uđu u sobu, govoreći, „Sahib Nur čeka", oni ga odgurnuše, a jedan čak zareža, „Hoćeš li da ti izbijem mlečnjake, štene?" Poslednje zavaravanje da je okupljanje u ovoj sobi *mehfil*, poštovanje pesnika, propalo je.

Međutim, Nur je iskoristio prekid da služinčetu izda uputstva da mu donese ćevape i *parathas* koje je želeo da se za njega specijalno pripreme u njegovom omiljenom restoranu. Deven ga ču kako kaže: „Idi i uzmi novac od sahiba Devena a onda pođi i odnesi porudžbinu", Deven nije mogao odbiti da plati ali okrenuvši se Čikuu i ugledavši da ovaj glupavi mladić snima Nurova uputstva o ćevapima, viknu: „Isključi to. Je li to vredno da se zabeleži?"

Nur se povuče i kratkim pogledom ošinu Devena, a onda se obrati mladićima koji su počeli da se vraćaju u sobu s balkona. Uspešan izlazak kamiona ispraznio je donje balkone, „Znate, od pesnika se ne očekuje da žive od mesa i hleba. Od njih se očekuje da prežive od poezije", i baš kad je Čiku sklonio magnetofon ispred Nura i počeo da sklanja svoju opremu, Nur se napola podiže na kukovima kao neki ostareli lav izazvan na pobunu, i zagrme jednu od svojih najranijih, gotovo zaboravljenih pesama koja je nekad izazvala književni svet da se trese kao gomila slame na vetru, tako je ljutita i glasna bila u pobuni.

Kad je prestao, Deven se ustremi na Čikua, uhvati ga za ramena, protrese i zapita, „Jesi li snimio ovo? Jesi li?"

Čiku ga zlobno pogleda. „Baš pošto si mi rekao da prestanem?" zapita, zatim odbi da obraća ikakvu pažnju na Devena i ode u ugao da se duri dok je Nur sedeo u svojoj uobičajenoj, malo zavaljenoj pozi i primao čestitanja i laskanja svojih slušalaca.

Te večeri, dok se gomila bučno razilazila silazeći niz stepenice nakon što je Nur otišao, Deven ode do Čikua da ga upozori da svoje dužnosti vrši s izvesnom merom ljudske inteligencije, na šta se Čiku okrete i dade mu otkaz.

„Svadba moje sestre je sledeće nedelje i ja moram da idem. Ja sam jedini brat. Moji roditelji ostavili su meni da sve uredim. Nemam vremena za svu tu poeziju-šoeziju. Možeš da nabaviš nekog tehničara da svrši posao. Molim te, plati mi – ja odlazim."

„Ne možeš biti plaćen dok ne završiš posao", Deven začu kako mu glas pišti. Niko mu nije rekao da mladiću treba platiti. Pretpostavljao je da su njegove usluge išle zajedno sa pokvarenim, polovnim magnetofonom.

„Naš ugovor bio je za tri dana – a sad je gotovo tri nedelje", odvrati Čiku.

„Nije bilo ugovora."

„Razgovaraću s ujakom. Otići ću kod sahiba Murata."

„Nema potrebe. Ostani ovde, završi posao i bićeš isplaćen." Deven se borio da kontroliše svoj glas, da ga stiša na normalnu visinu. Okrete se da pođe pre no što mladić odgovori, ali na vratima se nije mogao uzdržati da ne doda gorko, „Čiku, kakvo je to ime Čiku? Zar tvoji roditelji nisu mogli čak ni da ti daju pravo ime?"

Dole, na ulici, telefonirao je Muratu iz jedne apoteke da se požali na Čikua. Murat nije s njim saosećao. „Mi smo rekli mladiću da će to trajati najduže nedelju dana", podsetio je Devena, „a sad je već tri nedelje."

„Tri nedelje?" Deven se uznemiri kad vide da su Čikuove optužbe tačne.

„Šta je s tobom, zar ne umeš da računaš? Poezija ti ušla u glavu – Nurova 'bezvremena, besmrtna' poezija? Dabome da ima tri nedelje a koliki su računi sâm Bog zna. Naravno, vi pesnički nastrojeni ne mislite o takvim stvarima. Ali sada kad sam te podsetio, hoćeš li, molim te da završiš svoj cirkus, pošlješ svog glavnog izvođača kući, transkribuješ taj intervju i doneseš ga meni da najzad mogu poslati broj u štampu? Ti ga zadržavaš. Moj prijatelj Sahaj rezervisao je ovu nedelju da štampa moje stvari. Odbio je tri druga posla da bi uzeo moj. On takođe gubi novac, svi mi gubimo novac."

„Murate, uveravam te da sam i ja gubitnik. Ne dobijam ništa od toga što ovoliko odugovlačim" –

„Zato, hoćeš li, molim te, to da skratiš? Hoću intervju najkasnije krajem nedelje, čuješ li?"

A Devenu, dok je izlazio iz apoteke osećajući još uvek vibracije u ušima od Nurove veličanstvene grmljavine, nije se sad zaustavljalo snimanje kad se činilo da se Nur probudio da počne recitovanje na način kako je to činio u svojoj čuvenoj mladosti. Deven je osećao kako je najzad uhvatio nešto od blaga iz tog, mutnog, ustalasanog okeana koji je sumorno pretraživao. Sad mu je bilo potrebno samo da uhvati Nura da se seti godina kad je počeo da piše i privlači pažnju poznavalaca i zaštitnika Urdu poezije. Bila su mu potrebna njegova sećanja na književni svet tog doba, na pesnike i pisce koji su bili njegovi prijatelji i neprijatelji, i naravno na ono što je radio u tim opojnim danima.

Kad bi imao malo više vremena – još jednu nedelju ili možda dve – imao bi onda ne samo sjajnu traku kojom bi zasenio Urdu katedru svog koledža i, ko zna, tako istaknute muslimanske institucije kao što su Jamia Millia i Aligarh univerzitet – nego i dovoljno materijala za intervju a možda čak i malu knjigu memoara. Mogao je gotovo da je vidi među šakama. Ukoričio bi je u mek nebesko plav povez, kao deo neba po kome su leteli Nurovi golubovi, a naslov bi bio, jasno, napisan pesnikovom rukom. Ono u šta je, u stvari, zurio bila je papirnica ispred koje je zastao da gleda rafove pune svezaka kakve je Nur koristio za svoje pisanje, risova duge hartije, školskih svezaka, kutija za geometriju, olovaka, kalendara, obojenih mapa. Pade mu na pamet, kad bi kupio papira i beležio Nurove reči, ne bi morao da se potpuno oslanja na idiota Čikua i njegovu zaluđujuću mašinu. Tad ništa ne bi bilo izgubljeno. Ništa neće biti izgubljeno.

On izvuče nešto novca iz džepa da plati sveske i bi užasnut kad vide da ga nema dovoljno: ne može sebi da priušti čak ni opremu jednog malog đaka. „Samo jednu, ne tri", promumla posramljen i pokuša da ne primeti prezriv pogled na trgovčevom licu kad je smanjio svoju kupovinu.

Bio je zahvalan što može, posle svih sramota dana, da se odvuče u mali stan u Daria Gandžu koji je izabrao za sklonište, radije no da ide u porodičnu kuću svoje majke i traži smeštaj. Zamišljao je da je još uvek stajala tamo gde je bila u njegovom detinjstvu, nastanjena verovatno novim generacijama rođaka. No, protivljenje da uspostavi svoje veze s njima natera ga da skrene u mračan sokak kojeg se sećao iz školskih dana i uputi se stepenicama u kuću starog školskog druga. Radž, rođen s jednom nogom kraćom, bio je najmanje zastrašujući od njegovih školskih drugova. Izgubio je vezu s njim kad je otišao da živi u Mirporu. A onda je, na svoje veliko iznenađenje, dobio kartu iz Kaira koja ga je obavestila da Radž tamo predaje u nekoj školi. Egzotična ideja njegovog prijatelja-invalida da završi u Egiptu, toliko ga je iznenadila da je zanemeo. Nije mu ni odgovorio. Sad, stojeći pred vratima i pitajući staru tetku koja se nežno smešila, da li se Radž vratio, nije dobio odgovor. Ipak, mora da ga je prepoznala jer je klimnula glavom da uđe što je bila tiha dobrodošlica koju obično stare gospođe ne nude nepoznatim ljudima koji zvone noću na njihovim vratima. Ulazeći video je da je služila obrok nekom kao skelet mršavom gostu u naočarima, čija je retka brada činila da izgleda neopran, a koji je sedeo prekrštenih nogu na podu kuhinje. Da li ga je stvarno prepoznala, njega, đaka Devena ili je pomislila da je i on prosjak koji treba da bude nahranjen prema pravilima pobožnosti? Na sebi je imala ne samo udovičku belu odeću nego i lanac drvenih perli i ostale insignije posvećenih. Pokretima uvežbanog privrženika ona mu pokaza da sedne i prihvati služavnik koji mu je pružila. Zatim je počela da ga puni zadovoljavajuće raznolikom hranom. Kad se učtivo pobunio, čovek u naočarima koji je trpao u usta pune šake pirinča i turšije, reče mu, „Jedi, jedi. Ona uživa kad jedeš", a i on. Kasnije, kad je odnela služavnike i donela betelovo lišće i orahe, pokušao je da otkrije da li ga se zaista seća dok je govorio o Radžu i postavljao pitanja o njemu, ali uvek je gost odgovarao. Činilo se da dobro poznaje porodicu. Njegova intimnost sa njima išla je toliko daleko da je on predložio da Deven tu prenoći. „Ti nisi iz Delhija? Potrebna ti je soba? Zato ostani ovde – lezi na verandi i spavaj. Nema potrebe da ideš u hotel kad je Sestra ovde da se brine o nama", on se zacenio od smeha, uputivši joj lukav pogled. „Šta kažeš, Sestro?" zapitao je, a kako ona nije odgovorila izuzev što je klimnula glavom, Deven zahvalno prihvati ponudu, misleći da će to biti naj-

više za tri noći, a on će pisati Radžu o tome, i izraziti svoju zahvalnost.
Niko se nije protivio njegovom produženom boravku. Stara gospođa nastavila je da se smeje pobožno dok im je služila hranu. Čovek u naočarima postao je govorljiviji i Deven doznade da on nije bio nikakav rođak nego krojač koji je radio u maloj radnji ispod stepeništa, a uselio se nakon što je Radž otišao, „da pruži Sestri zaštitu". Imao je svoj kutak u stanu gde je držao svoju prostirku i svoje stvari. Ali, stvari i materijali njegove trgovine širili su uškrobljeni, hemijski miris neopranog tekstila kroz ceo stan, a komadi konca i paperja leteli su okolo slobodno iako je njegovo radno mesto bilo dole, na nivou ulice. Deven se osećao nejasno nelagodno što deli ograničeno mesto za spavanje s krojačem, čovekom iz radničke klase, ali jedva da je mogao protiviti se ili dopustiti sebi da se ponaša kao superiorniji kad se njihova domaćica ponašala prema njima sa tako blagotvornim podjednakim gostoprimstvom. U stvari, krojačev položaj je, čini se, bio malo privilegovaniji i Deven je uskoro pronašao razlog tome. Pobožnost stare gospođe nije se sastojala samo u tome što je hranila svakog ko bi dolazio da bude nahranjen – veliki broj *sadhu-a* u beloj ili žutoj kao šafran odeći sa prosjačkim lončićima dolazio je redovno da joj pomogne u ispunjavanju njenih zemaljskih dužnosti i tako stekne zasluge u svojoj sledećoj inkarnaciji – ali i u vršenju dugih i detaljno razrađenih verskih obreda (*pujas*) u zoru i u predvečerje. Verovatno i u drugim časovima, ali ovim prvim Deven je prisustvovao. Ona je jedan kuhinjski zid pretvorila u pravi hram, s obojenim oleografijama svetaca, gipsanim likovima svojih omiljenih svetaca, kadionicama, vencima od svežeg cveća, tanjirima sa ponudama i lampama poređanim duž police i u udubljenjima zida. Dok je ona sedela, ili stajala, klanjala se i negovala ovu porodicu domaćih bogova, krojač je igrao ulogu koju mu je ona dodelila – odanog pevača. Ispalo je da on ima lep tenor što je sasvim neočekivano u čoveka bez fizičke lepote, i

ogroman repertoar pobožnih pesama koje je pevao sa dubokim osećanjem. Stara gospođa smešila se odobravajući i nakon što bi upalila sve svoje lampe i mirišljave štapiće i iznela sve svoje ponude za dan – ili sat – sedala bi prekrštenih nogu pored njega i udarala parom limenih cimbala, lupala je o njih veoma strasno, često dopuštajući da joj veo spadne s glave i otkrije njenu bledu koščatu golotinju, glatkost koja je oštro odudarala od uvele i oklembešene kože njenog lica, dok je on udarao u mali doboš među njegovim nogama i činio da zidovi odzvanjaju od njegovog dubokog grlenog glasa pevajući radosnu himnu.

> Pretvoriću svoje telo u glinenu lampu
> Moja duša biće joj fitilj, moja krv gas.
> Ah, svetlost te lampe otkriće
> Lice moga ljubljenog.

Ako bi Deven naišao za vreme ove predstave nije mu ostajalo ništa drugo no da se povuče u ugao, sedne tiho i sačeka da se sve to završi, kad se Radžova tetka podigne na noge i ode da im kuva hranu, a krojač odloži svoj doboš, izvadi paklo cigareta i priča Devenu o svojim poslednjim mušterijama i njihovim ćudima.

„Došla je u dugačkim, dugačkim kolima s gomilom materijala – ovolikim. 'Biće svadbe u mojoj porodici i potrebno mi je dvadeset bluza do nedelje', rekla je. Oho, do nedelje? Kažem ja, kako ću to moći, ja siroti krojač koji nema pomoćnika a uz to imam i bolesne oči, tek se oporavljam od konjuktivitisa? Uvek to govorim da bih oterao svet ako nisam u stanju da uzmem više posla, ali nju ne može ništa da uplaši i otera. Ona prebraja materijale – dve tube finog platna, dva sa dva, dve tube rubia voala, dva svilena satena, dva benareska brokata – i svaki da bude u drukčijem stilu. Kakvi stilovi, kažem ti ja, čak ni kurtizana na dvorovima Mogula nije smislila ništa takvo – ovde otvor, tamo otvor, šta mi onda ostaje da šijem, samo trake da ih drže zajedno?" smejao se kroz oštre, pocrnele zube, puštajući zvuk kao pištaljka.

Zatim uzdahnu, „O, Ma-a. Neka još takvih riba upadne u moju mrežu i ja ću moći da se odselim iz Daria Gandža. Znam jedno mesto u Tolstojevom sokaku gde je potreban krojač za dame. Ako bih tamo mogao da postanem potpun ortak, O, Ma-a!"

Deven je to morao da izdrži ako je želeo da jede i spava u stanu a to je bilo veoma pogodno jer je mogao pešice da ode do ulice u kojoj je radio ceo dan. A bilo je to i mesto gde se niko nije raspitivao o njegovoj porodici, poslu, zanimanju ili bilo o čemu, što je činio tako strpljivo. Ponekad se osećao pomalo kriv zbog troškova koje je nametao ljubaznoj i gostoljubivoj staroj ženi, ali kad je jednom svratio usput na pijacu da kupi korpu voća, otkrio je da je to prinela bogovima umesto da to pojede a zatim ga je razdelila grupi kaluđera koji su došli u posetu, tako da joj nije više kupovao: posebno nije voleo meko meso monaha, neobeleženo radom. Spuštajući se na prostirku na terasi te noći, nije mogao da se opusti, i opruži i da se preda onome što je zasluženi odmor. Osećao se nelagodno što je bio tako snažno opomenut da se dan njegovog početnog ostajanja ovde samo tri dana protegao na tri nedelje. Šta je taj nepodnošljivo govorljiv krojač mislio o njemu? Samo još jedna pijavica. U svojoj ulozi zaštitnika udovice, zar on ne može jednog dana da izbaci Devena pod sumnjom da je suviše dugo živeo na tuđ račun? Prekrstivši ruke ispod glave slušao je krojačev pohotljiv monolog o novoj mušteriji, strankinji, beloj, zujao je u svom ćošku kao uhvaćeni komarac, i pokušavao da otkrije u njemu znak otrovne žaoke. No, krojač je bio veoma zadovoljan što ima očaranog slušaoca.

Kroz ogradu balkona mogao je videti noćno nebo koje su ljubičaste ulične svetiljke osvetljavale do hemijskog usijanja i koje su obasjavale balkon i park preko puta. U tako kasnu noć park je bio prazan, jer su ga stanovnici ovog učmalog Daria Gandža smatrali nebezbednim, mada je danju bio pun staraca koji su sedeli u hladovima, dečaka trčkarala koji su tu zastajali da igraju klikera ili da popuše na miru, i ljubavnih parova sakrivenih iza žbunja. Nekad su tu Deven i Radž prepisivali domaće zadatke jedan od drugog ili igrali sami kriket – Radž s kraćom nogom u trapavoj ortopedskoj cipeli a Deven da se sakrije od Muratovog veoma zahtevnog prijateljstva i da izbegne odlazak kući, svojoj porodici. Čak i tad je on uvek bežao od nekoga.

Okrenuvši se na stranu pokušao je da krojaču pokaže svoju želju da spava. Želeo je da u tišini skuje strategiju za snimanje sledećeg jutra. Kako da to dovede do potpuno zaokrugljenog lepo dovršenog i zadovoljavajućeg kraja? U tome je problem, uzdahnu Deven, i to se nije više moglo izbegavati.

Odlučio je da sledećeg jutra započne proces tako što će otvoriti knjigu koju je kupio i objasniti Nuru da će zapisivati diktat, ali tog dana je Nur izgubio interesovanje da recituje svoje stihove. Rekao je da je loše spavao i zahtevao od nekih svojih mladih obožavalaca da umesto njegovih oni recituju svoje. Deven pokuša da potisne svoju užasnutost i slušao je strpljivo, ali je jedva uzdržavao drhtanje svojih usana dok je sedeo glave uvučene u ramena, čupkajući komadiće pamuka prostirke i pokušavajući da ne čuje glas nekog mediokriteta kako recituje banalnosti. Čiku se zajedljivo nagnu napred i zapita ga: „Bolje bi ti bilo da mi kažeš – hoćeš li da snimam sve što se recituje ovde?"

Deven je još uvek pokušavao da se kontroliše pre no što odgovori bezobraznoj budali kad im se Nur, koji je čuo, okrete i reče, gledajući pravo u Devena, „Je li tebi pala na pamet ta dilema? Ovo prosejavanje i biranje iz otpadaka naših života? Prijatelju, ne može to tako, ne može. Davno sam to doznao", i on poče da recituje stihove koje Deven nije nikad ranije čuo, koje niko u sobi nije pre čuo, koji su ušli među njih kao neki posetilac sa drugog elementa, ućutkavši ih sve u čuđenju. Nur je gledao oko sebe sa jedva vidljivim, zadovoljnim osmehom, kao da ga zabavlja i zadovoljava proizvedeni utisak. Tad ponovo izgovori nekoliko stihova polako, a ovog puta Deven je imao prisustvo duha da otvori svoju beležnicu i počne ih zapisivati, „Daj mi to", reče mu Nur, videvši šta čini, ščepa svesku od njega i sam poče da piše držeći svesku na kolenima, zaustavljajući se da lizne olovku s vremena na vreme, piljeći u slova svojim kataraktnim očima, dok je oko njega opet započelo brbljanje jer je njegova publika uzbuđeno diskutovala o njegovoj novoj pesmi, hvaleći je toliko preterano te je bilo teško utvrditi da li su zaista to cenili ili su samo izigravali zadovoljstvo i divljenje. Deven vide da je to bila publika kod koje je Nur uvek isprobavao svoje stihove i revoltiran kleče iza Nura u tišini punoj poštovanja, posmatrajući ga kako piše, držeći se odvojeno od ostalih, jedini istinski učenik u čije je bezbedno staranje Nur mogao da stavi svoje delo.

No, Nurova se ruka veoma brzo umorila. On baci olovku i zatraži piće. „Prošli su moji dani pisanja", reče pijući glasno. „Moji školski dani su prošli." Spuštajući čašu, sastavi šake meseći ih, vukao je zglobove, pokušavao da savije prste, savijao ih je i ispružao, zamišljenog lica kao u vozača koji se pita da li je njegovo vozilo pokvareno zauvek, i u strahu da jeste. „Muzika je prošla" promrmlja.

„Gospodine, vi ste muzičar kome nije potreban instrumenat", viknu neki mladić u ljubičastoj košulji i zlatnim lancima, „vi možete svirati i kad se vaše ruke ne budu više mogle pokretati."

„Takva je pesnikova slava", uzviknu drugi, udarajući svoju punu, okruglu butinu.

Nur ga pogleda ispod gustih obrva, iskrivivši skeptično usta. Posle još jednog pića on objavi, „Krv, krv je stala."

Glasna pobuna. Još jedna flaša ruma je otvorena i još pića je dolivano. Neko je ushićeno uzviknuo, „Pozovite žene, neka dođu žene da igramo. A onda ćemo videti čija je krv stala." Deven podiže glavu da vidi ko može biti toliko grub, toliko drzak, no, Nur se smešio dok je tresao glavom.

„Žene i igra odavno su me prevazišle i ostavile me", mumlao je tužno. „Sad čak i čaša ispada iz moje ruke i proliva se." Ščepao je čašu tako čvrsto pa se Deven uplašio da će se slomiti među njegovim prstima i povrediti ga. „Šta je ostalo, prijatelji, šta ostaje?"

„Gospodine, vaša poezija, vaši tomovi stihova. Oni ostaju. Oni će uvek biti s nama." Deven je strasno šaputao njegovom laktu.

„Ti ih čuvaj", reče Nur osorno, u tonu otpuštanja. „Ti ih čuvaj a mene pusti da idem onome što mene čeka – šest stopa zemlje u groblju pored džamije." Pozvavši svoje služinče, teško se uspravi na noge uz njegovu pomoć i poče da šepulja prema vratima.

Niko nije mogao da ga zaustavi, on se jednostavno uputio vratima a oni su se sklanjali da ga propuste. Deven požuri za njim, vičući neutešno, „Gospodine, molim vas – da nastavimo sa snimanjem. Ako ste umorni, naručiću čaj i hranu. Posle odmora, možemo nastaviti" –

„Ne, neću da nastavim", reče Nur, tresući glavom i nastavljajući da je trese dok su ga vodili sokakom do sporednog ulaza njegove kuće. Deven je išao za njima u uzbuđenoj igri. Nepokolebljiv do samih vrata, on reče, „Sve što neko može da nastavi u mojim godinama jeste prvobitni san. Ja ću se sklupčati na mojoj postelji kao dete u materinoj materici i spavaću, čekaću da naiđe san." Vrata u zidu se otvoriše i služinče mu pomože da pređe prag i uvede ga unutra. Vrata se zatvoriše.

GLAVA DESETA

Sutradan, kad se Deven vratio, soba je bila prazna. Stajao je na vratima, odgurnuvši niske plavih i zelenih perli koje su činile zastor, vide da je soba ispražnjena, ogoljena. Turobna svetlost padala je na mermerne pločice kroz prašinom prekrivene prozore. Samo su vrapci šuškajući u gnezdima u svetlarniku, cvrkutali i svađali se razbacujući grančice oko gnezda. Napolju je na sokaku neki čovek oglašavao svoju robu – zemljane testije za vodu koje su bile pričvršćene na leđima magarca. „*Su-ra-hi*" zavijao je, kao da upozorava na kraj sveta, „*su-ra-hi*". Deven se pitao gde je to ranije čuo – ovde ili u Mirporu, ili gde? Zov koji kao da oglašava leto, vrućinu i žeđ – ali leto je već tu, pustošeći sve, pustošeći njegov život, kao ovu pustu sobu.

Ciku stiže na vrh stepenica vukući s mukom svoju opremu, preterano teško udišući vazduh. „Uh", groktao je, gledajući preko Devenovog ramena. „Nosim sve ovo gore, a oni čak nisu ni došli."

„Otišli su", reče Deven, još uvek preneražen. „Sahib Nur je otišao."

„Zar ne bi bilo bolje da ga dovedeš? Kasno je i – vrućina je", žalio se Ciku a znoj mu se slivao niz vrat na grudi i leđa.

„Mislim da se on neće vratiti."

„Znači – znači, gotovo je?"

„Jeste", reče Deven, „gotovo je". On pusti niske perli koje su zveckale staklasto jedna o drugu, ponovo ga podsećajući na nešto: Sarline staklene narukvice koje zvekeću dok radi? Na kuću, Mirpor, svakodnevni život koji se približava, nastupa?

„Trebalo je da mi to kažeš", viknu Ciku piskavim glasom. „Zašto mi nisi rekao? Izgubio sam još jedan dan – moja sestra plače – moja mati govori kako im nisam pomogao – imam druga posla a ti me nisi ni obavestio..."

„Hej, ko je tamo? Šta se tu događa?" vikao je glas pri dnu stepeništa. Visoka boginjava žena, sa ružičastim velom preko lica, gledala je kroz dva ogromna crna koluta.

Oni se nagoše preko ograde i tužno je pogledaše.

„Isti cirkus", viknu ona nekome sakrivenom od njihovog pogleda. „Šta je ovo? Juče je begum Safija poslala vest da soba nije više potrebna, a danas ste se vi vratili. Mislite li da ste ovde kupili sobu? Šta mislite da je ovo — neka vrsta skloništa za vagabunde? Kažem vam, ovo je uvažena kuća — neću to više da trpim. Bulu, izbaci ih", ona lanu tako oštro da joj veo pade sa lica koje je bilo podnadulo, otečeno od neke bolesti. Loše je provela noć, ili je bolesna ili čak uplašena — Deven nije mogao ni da nasluti bedu njenog života.

Ciku je već bio počeo da puzi niz stepenice kao pauk sa svojim teretom. Deven ga pristiže, oslobodi ga jednog dela, i pođe za njim. Izbacivač Bulu dočeka ih na odmorištu, obučen samo u *lungi* obavijen oko struka, pa su mu grudi bile gole a mišići napeti i blistavi. „Odmah napolje", komandova nepotrebno.

Na sporednim vratima stajala je žena i posmatrala ih. Dok su silazili niz stepenice na ulicu, ona im doviknu, „Račun je poslat begum Safiji, potrudite se da ga platite. Imam prijatelje u policiji koji paze na to da mi niko ništa ne ostane dužan". Nije zatvorila vrata za njima nego je stajala zureći u njih kroz dva ubitačno crna koluta oko očiju, dok su oni stajali bespomoćno na suncu, držeći komade opreme za snimanje, tužno tražeći rikšu da ih odveze.

Murat nije nikako bio zadovoljan idejom da se trake preslušaju u Delhiju pre no što ih Deven odnese u Mirpor. „Kakva korist ako ih još nisi redigovao? Moraće da se seku, zar ne? Zašto ne završiš sav taj posao pre no što ih doneseš ovamo?"

„Murate, sve ću to uraditi kasnije, kad se vratim u Mirpor — moram odmah da se vratim, moram da ispravim sve ispitne zadatke. No, bar dođi u radnju sahiba Džaina da čuješ trake pre no što ih odnesem. To će ti dati ideju kakav ću ti materijal poslati za časopis. Zar ne želiš da znaš?" molio je Deven.

Džain, čačkajući zube palidrvcem dok je posmatrao Devenovo lice, promuca, „Rekao sam ti — kakva korist? Ponesi to sa sobom — slušaj kod kuće — kakva je korist od toga da se slušaju ovde u mojoj radnji?"

Deven je zurio u njega i viknu u telefon. „Moraš doći. Čekam te u radnji sahiba Džaina. Saslušaj bar deo toga – samo mali deo. Moramo se postarati da kvalitet bude dobar."

Čiku se iznenada isplete iz kalemova žice i pojavi se, otresajući ruke od prašine, i brišući lice rukavom. „Postavio sam sve i sad odlazim. Ujače, molim te, pusti mu trake", on pokaza bradom na Devena bezobrazno i ode, ostavljajući Devena i vlasnika da se bez uspeha bune što odlazi.

Devenu pade na pamet da bi moglo biti bolje da se cela oprema odnese na pogodnije mesto – recimo, u Muratovu kuću – i tamo da slušaju trake. Nikad nije bio u njegovoj kući ali je osećao da je velika, čak raskošna – sigurno ima mnogo soba i pruža privatnost. Ali kad je Murat ušao mršteći se nepredusretljivo, i kad je čuo predlog učinjen oprezno i slabačko, on to odbaci. „Ne", reče ispruživši ruke kao da zaklanja ulaz u očevu kuću. „Ne možemo ići tamo. Moja mati se odmara, moja sestra spava. Ne možemo ih uznemiravati." Bacivši se na metalnu stolicu i prekrstivši ruke, on isturi vilicu, „sahibe Džain, molim te počni. Brzo, ne mogu dugo ostati."

Međutim, morao je da ostane prilično dugo zato što sahib Džain nije izgleda znao kako da pokrene mašinu. Tresao je i udarao kutiju, pritiskao svu dugmad u nizu, petljao, psovao i vikao za pomoć. Murat je sedeo mršteći se i bacajući očajničke poglede na Devena koji se sve više uzbuđivao. Najzad je doveden neki dečak iz dvorišta iza radnje, koji je bio toliko pokriven mazivom da je više ličio na mehaničara nego na stručnjaka za elektroniku. Doneo je oruđa, petljao dugo i najzad proizveo iznenadan, i nejasan zvuk, prekinuo ga, i prošlo je vreme, što se činilo dugo kao sati, pre no što su bili u stanju da sednu i slušaju.

Bio je to fijasko. Nije bilo druge reči za to. Deven je morao da ukloni prvu traku, pokušali su drugu, zatim treću pa četvrtu. Kartonska kutija u kojoj su stajale kao da je bila bez dna, toliko ih je bilo. Svačije raspoloženje postajalo je napeto od stalnog prekidanja i nastavljanja. Kad bi se uspelo da trake proizvedu zvuk, nije bilo ničeg da se sluša – dugi intervali pucketanja ispresecani iznenadnom jekom truba s ulice, pištanjem ptica koje grade gnezda, glasnom eksplozijom smeha i nevezanom veselošću, pijanim urlikanjem, pevanjem, naglim prekidom. Gde je Nur? Povremeno bi se čuo njegov glas kao nekog izgubljenog prosjaka s prenatrpane ulice, kako nudi nekoliko stihova slabim, slomljenim glasom koji se prekida da kaže, mnogo odlučnije i jasnije, „Donesi mi još jednu čašu ruma. Šta si naručio za ručak danas? Je li neko otišao da to donese? Treba mi još ruma ako moram toliko dugo da čekam." Ili je lutao kroz svoje teške i skitačke dane, zaustavljajući se da stenje i da se žali na muke koje mu zadaju hemoroidi tražeći nešto što će mu olakšati nelagodnost, tražeći palijative u hrani i piću, zatim zapadajući u ćutanje dok je neki njegov mladi obožavalac izvikivao savete ili ohrabrenja skarednim tonom što je izazivalo publiku da kevće kao čopor šakala.

Deven oseti kako tone sve dublje u svoje sedište očiju uprtih u prašnjave i ispucale kapke svojih cipela, osećajući kako mu se steže srce. Dah mu je bio kratak i plitak i da je neko obratio pažnju video bi da su mu nozdrve mnogo prebledele i ličile na vosak.

Najzad Murat reče, „Zaustavite to. Dovoljno smo vremena izgubili. To ne valja. Trebalo je svaku traku da preslušaš odmah posle snimanja – onda bi mogao da je vratiš i ponoviš ono što je ispušteno, i da popraviš ono što ne valja. Zašto si toliko čekao?"

Pogođen ovom poraznom i tačnom kritikom, Deven ustade mada je jedva mogao da stoji, osećao se toliko fizički slomljen ovom katastrofom. „Murate – nekako ću – nekako ću spasti nešto od ovoga. *Moram*. Moći ću – moći ću lako sastaviti nešto materijala za članak za tvoj časopis. Imaćeš to – imaćeš. Ali moj koledž – koledž je platio trake" – poče da muca.

Murat kao da je za trenutak razumeo njegov jad. Okrenuvši se Džainu, reče oštro, „Šta je ovo? Kakav si nam to magnetofon dao? I kakav je to tehničar tvoj nećak? On ne zna ništa o snimanju traka – ništa."

Džain je zurio u njega. „Sahibe Murate, šta to pričaš?" zareža on upravljajući ka njemu pokrete rukom kao ubode, „pazi šta govoriš. Šta može moj nećak kad mu nisi obezbedio studio da u njemu radi nego si ga stavio usred Čandni Čok bazara? On ume da čini čuda sa profesionalnim umetnicima – treba da čuješ kako je snimio pesme Aše Rani – a kakav je ovo umetnik?" On uvrnu glavu da bi pogledao Devena sa teškom optužbom kao da stoji pred pravim krivcem.

Murat se takođe odmah promeni. „I to je istina", složi se. „Šta se može očekivati od snimanja ako se to ne čini u studiju? A mora se uzeti u obzir i kvalitet izvođenja. Devene, ne možeš reći da to nije važno."

„Ali Murate" reče Deven zamuckujući, „to je Nur. *Nur*, ti znaš..." Zatim ućuta. Pre svega on je imao veoma malo samopouzdanja, i veoma lako ga je bilo uzdrmati, a ova dvojica uništili su i ono malo vere što je ostalo u ovaj projekat, u prenošenje Nurove veličine, u koju nije nikad prestao da veruje, na trake.

Murat kao da je uživao u tome što vidi nekoga potpuno potučenog. On prebaci ruku preko Devenovih ramena i reče veselo, „Trake su beznadežne u sadašnjem stanju. Moraćeš mnogo da radiš na njima da bi nešto iz njih izvukao. Najbolje je da ih poneseš sa sobom u Mirpor i vidiš da li možeš da isečeš i sastaviš jednu traku za tvoj koledž. Inače će te tvoj direktor – ili to beše odbor – uhvatiti za gušu, a?" nasmejao se neprijatno.

Stisnut do gušenja u Muratov zagrljaj, Deven se pitao šta ovakvo prijateljstvo uistinu znači. Bez saosećanja, bez kompatibilnosti, šta se nalazi u ovakvom ponašanju, u ovim zagrljajima? Ništa sem familijarnosti, navike. U stvari navika je trajni sastojak prijateljstva, ništa sem duge navike, a navika može biti jama iz koje se čovek nikad ne podigne, zamka od koje nema oslobađanja.

Međutim, Murat je oslobodio Devena i otišao, viknuvši preko ramena, „Bar mi pošalji članak, hoćeš li? I neke od stihova koje je recitovao – za mene će to biti dovoljno. No, naravno, tvoj koledž je nešto sasvim drugo."

Pomisao na koledž, pomisao kako opravdati potrošene fondove biblioteke na nešto potpuno neupotrebljivo, učini da se Deven ustremi na Džaina sa poslednjom neočekivanom snagom duha. „Oprema je bila loša", viknu. „Kad sam je prvi put ugledao rekao sam ti da neću polovnu opremu, da nije dobra. Trake su takođe bile stare, jeftine. Poslao si mi tehničara koji ne zna ništa o snimanju. Nema to veze s izvođenjem – ili umetnikom. Umetnik je najveći – najbolji" – glas mu se podiže do vriska i prepuče. Znoj mu je izlazio iz svake pore tela, slana tečnost slivala se kao u nekog ko je smrtno ranjen u saobraćajnoj nesreći.

Čak je i ravnodušni Džain bio dirnut. Napola se podiže iz svoje čelične stolice, upravi obe ruke pune prstenja s dragim kamenjem prema Devenu, poče da pravi njima uznemirujuće pokrete kao da hoće da pošlje blagotvorne zrake tog dragog kamenja svom uzbuđenom mušteriji. „Smiri se, smiri se, niko ti ne preseca grkljan niti te pljačka. To je samo tehnička stvar, i ništa više. Možeš da redigiješ traku, izbaciš galamu, ostaviš samo glas. To se može učiniti, nije to tako teško, nije nemoguće. Zašto si se toliko uzbudio? Zar ne možeš naći nekoga da ti pomogne?"

„U Mirporu?", Deven pokuša da se nasmeje, no glas mu je bio raspukao, nije ga mogao sastaviti da išta značajno kaže. „U Mirporu postoje samo dve ili tri radnje sa električnom robom – i mehaničari koji popravljaju radio aparate, pegle, lampe, ništa drugo. Ko bi znao kako da postupi s ovim trakama i pretvori ih u audiovizuelno pomagalo, za nastavu na nekoj katedri u koledžu?"

Džain je grizao usnu tobože razmišljajući o Devenovim potpuno očiglednim problemima. Zatim ponovo poče da maše rukama sa onim sjajnim draguljima koji su ispuštali električne crvene i plave zrake kao neki izbacivač, i upravi ih prema umazanom dečaku koji je čučao u uglu pored magnetofona. „Uzmi ovog dečaka", reče kao da nudi Devenu stolicu. „To je Pintu, još jedan moj nećak. Povedi ga u Mirpor. On će poći s tobom."
Deven i Pintu pogledaše se u tišini ispunjenoj neprijateljstvom i neodobravanjem.

Sedeli su zajedno u autobusu, kutija s trakama i sprave za njihovo slušanje pod sedištem kod njihovih nogu. Pintu je imao na sebi belu najlonsku košulju na kojoj je bilo ištampano zeleno vinovo lišće i jedna crvena ruža na džepu na grudima gde je još bilo napisano *Ljubavna priča*, ime skorašnjeg filma. Izgleda da je počelo da ga svrbi za vratom jer se češao dok je gledao kroz prozor, ustiju otvorenih od nerazumevanja, pokušavajući da razazna dimnjake, ciglane, radnje s biciklima i mango drveće kroz žutu prašinu koja je pekla. Deven je naslonio glavu na sedište, zatvorio oči i neprestano ćutao.

Na autobuskoj stanici isteturaše napolje i pozvaše bicikl rikšu da njih i prtljag odnese do Devenove kuće. Kuća je stajala tužno prazna. Zelena rešetkasta vrata balkona ugnuta ali još uvek zatvorena, izuvijana puzavica rasla je preko njih, mrtva zbog dugog nezalivanja. Kad su ušli u kuću Deven vide da su podovi i nameštaj prekriveni poput krzna debelom prašinom kao da im je ćutke izraslo krzno u letnjoj samoći. Toplota u zatvorenoj kući dostigla je ponovo tačku ključanja. Deven prođe kroz kuću otvarajući besno prozore. Sarla je zaboravila da izbaci đubre iz kante u kuhinji pre no što je otputovala. Đubre je istrulelo i smrdelo.

Još uvek nisu razgovarali. Deven nije mogao da govori s dečakom koji mu se činio gluplji od Čikua. On mu samo rukom pokaza krevet svog sina, naredivši da svoje stvari stavi u ugao, i da sačeka šolju čaja. Bilo mu je gotovo nemoguće da podnosi dečakovo prisustvo u kući. Morao je upotrebiti svu svoju samokontrolu da ga ne izbaci napolje i pošlje natrag u Delhi. Da je bio sam urlikao bi kao životinja, udarao glavom o zid, udarao ga pesnicama i plakao.

Umesto toga, ušao je u svoju sobu, stajao i gledao krevete čija je posteljina bila savijena, i u prazan ugao odakle je Sarla odnela plehane kofere sa svojim stvarima. Najzad je pokupio potrebne stvari i preko dvorišta otišao u kupatilo da se okupa. Zatim je dečaku, koji je posmatrao i čekao, dao znak glavom i obavestio ga da se i on može okupati. Obradovalo ga je što su česme još uvek radile, topla voda curila u kofu i malo osvežila njegovu uvelu dušu. Otišao je u kuhinju da vidi može li skuvati čaj. No, naravno, tamo nije bilo ničeg. Nije ličilo na Sarlu da bude darežljiva ma u kom obliku. Stanje napuštenosti ovde bilo je samo odraz stanja napuštenosti u njihovom braku, možda čak i njih samih. Moraće odvesti dečaka u bazar da jede.

Sutradan stiže pismo:

> Od našeg poslednjeg viđenja iskrsli su mnogi problemi i učinili moj život nepodnošljivim. Moje oči su pretrpele veliku štetu usled naprezanja za vreme snimanja. Doktor mi je rekao da odmor nije dovoljan lek i da je hitno potrebna operacija katarakta. Nemam novaca za istu. Molim vas uredite da me prime u Vladinu bolnicu za bolesti očiju, ušiju i nosa i zahtevajte od vlasti vašeg koledža da plate račun za operaciju. Inače mogu izgubiti vid i svoju profesiju. Rad stoji na mrtvoj tački.

Koledž je izgledao napušten kao i njegova kuća. Lutao je po hodnicima tražeći čuvara da mu otvori zbornicu. On se dogovorio sa kolegama da mu tu ostave ispitne zadatke da ih ispravi. Ostalo je samo nekoliko nedelja do vremena kad treba poslati zadatke sa ocenama, i do otvaranja kancelarije za prijem u novu akademsku godinu. U tih nekoliko nedelja Deven je morao da uloži napor i obavi dugo zanemarivane i gotovo zaboravljene dužnosti, kao i da dovede u red one katastrofalne i haotične trake. Uz pomoć Pintua. Uz pomoć Sidikija.

Nakon što se dogovorio sa čuvarem da jutrom drži zbornicu otvorenu kako bi on mogao tu da radi, doveo je Sidikija u bicikl rikši da pomogne njemu i Pintuu oko traka koje su sad ležale na stolu usred puste sobe gde su predavači obično sedeli sa svojim čajem, cigaretama i knjigama. Sad su svud bili razbacani rekviziti snimanja a ispitni zadaci gurnuti u stranu da ne smetaju. Sidiki je posmatrao zbunjeno dok su se Deven i Pintu borili da postave magnetofon i puste trake. Pintu je sad pokazao koliko mu je znanje i, kao što je Deven i sumnjao, bilo je nikakvo. Sidiki, tužno se smešeći pravio se kao da pomaže, a u stvari nije ništa znao o tehničkim stvarima. Nije se činio mnogo radoznao da čuje rezultate Devenovog dugog teškog rada u Delhiju, nego je bio nekako čudno nezainteresovan. Devena je zabrinjavalo što uopšte nije reagovao na očigledan neuspeh projekta. Devenu je postalo jasno da je usamljen, da mu niko neće priteći u pomoć, ili naći neko rešenje, da mora sve sam da popravi ili će biti izbačen iz koledža zbog lažnih pretenzija, pronevere novca, obmanjivanja, prevare i nesposobnosti.

Pomoć je stigla – *zašto* je stigla, da li samo zato da ga oživi i odvede dublje u propast? Stigla je u obliku meseca koji se pojavio na prašnjavom prozoru zbornice. Bilo je to radoznalo lice jednog od njegovih studenata, mladića koji je lunjao koledžom da vidi kad će spiskovi s ocenama biti objavljeni. Videvši Devena kako svakodnevno ulazi i izlazi iz zbornice, nadao se da će ranije doznati svoje ocene. Deven je bio suviše zaokupljen svojim poslom da bi ga primetio, no mladić se sad usuđivao da gleda kroz prozor, zatim da stoji pred vratima i najzad da uđe i stoji pored stola i da posmatra šta se događa. Bilo je to baš po njegovom ukusu. Dhanu je imao dara za tehniku, studirao je radio tehnologiju putem dopisnog kursa. Posmatrao je nesposobne i neuspele radnje sa bistrinom koju Deven nije ranije primećivao, i činilo se da je odmah shvatio u čemu je bila stvar. „Gospodine, moramo naći drugi magnetofon. Imam jedan kod kuće, ako hoćete mogu ga doneti. Zatim moramo snimiti sve delove koje želite da zadržite, na glavnu traku a iseći sve ovo – ovo", odmahnu rukom, zatim zasuka rukave i poče da pomaže Pintuu. Štaviše, imao je grupu prijatelja studenata koji su imali interesovanja kao i on. S Devenovim dopuštenjem pozvao ih je. Pošto koledž nije radio, bili su besposleni i dosađivali su se, pa su došli odmah u nadi da će naći neku razonodu. Sidiki, posmatrajući to s olakšanjem, izgubi se uz blag, izvinjavajući osmeh i više se ne pojavi. Bilo je očigledno da je više voleo da opere ruke od posla u kojem je igrao katalističnu ulogu, što je sad žalio. Pintu se takođe povukao, u kantinu, nakon što je uzeo novac od Devena za hladno piće i cigarete.

Deven je ostao u sumornoj zbornici, posmatrao mladiće sa sve većim čuđenjem i zahvalnošću koja je bila gotovo bolna pa je morao da se uzdržava i ne pokazuje je dok ih je posmatrao.

Nije mu bilo dopušteno da ostane potpuno pasivan. On je morao da kupi glavnu traku za mladiće i da bi to učinio morao je da ode u banku i izvadi svoju poslednju ušteđevinu, u nadi da Sarla neće to odmah otkriti. Čak ni s tim, mladići nisu mogli mnogo učiniti da poprave stvar: oni su bili tehničari, a ne čudotvorci. Mada su nekako uspeli da odstrane buku, pucketanje i šuštanje u pozadini koje je često prigušivalo glavni glas, to ipak nije značilo da je Deven dobio traku Nurovih recitovanja ili memoara koja bi bila od stručnog ili čak od opšteg interesa. Poznavaoci poezije kao Sidiki, mogli bi biti dovoljno zainteresovani da čučnu pored pojačivača i napregnu uši da uhvate loše snimljen glas koji je rastrojeno lutao stazama i bogazama slabog i nepouzdanog sećanja, i nađu nešto zanimljivo u njegovim citatima iz

Kitsa i Šelija i njegovim mišljenjima o savremenim Urdu pesnicima ili u njegovim sećanjima na bazare oko Džama Masdžida. No, teško da je to bio rad koji bi se mogao prikazati studentima Urdu književnosti. Krpež koji su mladići napravili od traka, snimajući isečak s jedne trake i spajajući ga sa potpuno nepodudarnim komadom sa druge, sasvim proizvoljno i fantastično, proizveo je bizarnu mešavinu od svega, potpuno beskorisnu sa stručnog stanovišta.

Najzad, smatrali su da se to može prikazati i pozvali su Sidikija da dođe i čuje finalnu traku – bezdana kutija traka najzad je svedena na jednu – uoči dana početka upisa u koledž. On nije bio baš voljan da dođe, ali je Deven poslao Dhanua u rikši da ga dovede. „Reci mu da ga čekam u zbornici. Reci mu da sam poručio čaj za njega – za sve nas."

Doveli su ga, posadili na sofu uza zid. Sedeo je sa šoljom čaja na kolenima, pomalo se dosađujući, prateći podsmešljivo mladiće koji su se šalili, smejali, lupali po leđima jedni druge, zadovoljni svojim trudom. Deven je sedeo preko puta njega na stolici pored pojačivača, i posmatrao ga kako će reagovati.

„Šta mislite, gospodine?" zapitao je Dhanu kad je traka došla do kraja i počela da se nečujno vrti, jer Deven kao da je bio zanemeo. „Šta mislite o snimku?"

„Čarobno", reče Sidiki ustajući sa sofe. „Čarobno", ponovi, okrete se na peti i brzo izađe iz zbornice. Kad ga je uzbuđeni Deven uhvatio napolju u hodniku, rekao je tihim glasom, „Devene, je li to *sve*?"

Deven se ugrize za usnu. „Sve što je ostalo, posle sečenja i redigovanja."

Ugledavši razočaranje na licu Sidikija, dodade, „Naravno, ja ću nešto napisati – sastavljam svoje beleške – biće dovoljno za članak ili možda za monografiju. Mislim da će to biti monografija. Koleška štamparija možda bi htela to da štampa, Urdu katedra bi mogla" –

„Devene, oni su dali novac za trake, a ne za monografiju", podseti ga Sidiki, pomalo oštro, i Deven ućuta i stade mirno pred prekorom. Sidiki je izgubio izgled nekog ko je nezainteresovan i poče i sam da se uznemiruje. Deven pomisli da on verovatno smatra da je i sam odgovoran. Činilo se kako mu je teško da pronađe prave reči i izrazi svoja osećanja i odšeta duž hodnika glave duboko savijene. „Hm" bilo je sve što je Deven čuo da govori, „hm, biće to teško. Odbor će se sastati dan pre no što koledž počne sa radom. Ako budu tražili da čuju, šta će pomisliti?"

Deven je još uvek stajao na vrhu stepeništa posmatrajući ga kako ide preko praznog strelišta u beloj vrelini sunca, kad mu se približi Pintu, spuštajući rukave bele najlonske košulje s crvenom ružom i zelenim puzavicama koju je nosio svaki dan u Mirporu.

„Hoću svoju platu" promrmljao je Devenu sa upozoravajućim bleskom žućkastih očiju. „Hoću da mi se plati autobuska karta za povratak u Delhi. Moj posao je završen."

Deven izvadi sitninu koja mu je ostala u džepu, dade mu je, a zatim se vrati u zbornicu da zaključa traku i opremu u orman. Dok je sređivao stvari, mehaničkim i ošamućenim pokretima, ču kako neko ulazi i okrete se i vide da su to mladići koji su mu pomagali, Dhanu i njegovi prijatelji. Pogleda ih upitno, suviše scrpen i umoran da se osmehne.

No oni su se ipak osmehivali njemu. Stajali su u redu u vratima kao da sprečavaju bekstvo. Najzad jedan od njih progovori, „Gospodine, kažu da će spisak sa ocenama biti objavljen sutra."

„Pa?"

„Gospodine, vi ocenjujete naše zadatke iz Hindi, Kakve su naše ocene, gospodine?" povikaše u horu, kikoćući se i gurkajući se.

Deven se nasloni na orman u odbrani. Gledao ih je redom i oseti kako mu se pljuvačka skuplja na uglovima čvrsto stisnutih usana. „Videćete ih sutra", reče.

„Gospodine, morate nam svima dati odlične ocene", povikaše.

„Da, gospodine, posebne ocene zato što smo vam popravili vaše trake", viknu hrabro jedan od njih.

„Niko u Mirporu nije mogao to da uradi za vas, gospodine", izgovori debeli mladić koji je najmanje radio, popušio najviše cigareta i ispio najviše flaša gazirane vode. „Mi smo jedini obučeni tehničari ovde."

„Kako ste dobili tu obuku?" zapita Deven kroz suve usne: „Kad je trebalo da pohađate predavanja ovde, vi niste redovno dolazili na njih. Da li ste išli na neka predavanja negde drugde?"

„Izvinite, gospodine", povikaše. „Zašto bismo gubili vreme učeći Hindi kad možemo da naučimo neke korisne zanate što će nam pomoći da dobijemo zaposlenje?" Oni kao da su podražavali neke nepismene oglase u novinama, ili nekog koga su čuli da govori o tome. Bio je siguran da se nisu nimalo brinuli o zapošljavanju. Ali, jedan od njih grubo dodade, „Hindi ne pomaže da se dobije zaposlenje."

„Pa zašto ste ga upisali", zapita Deven.

„Zbog diplome. Moramo imati diplome, gospodine", rekoše mu otvoreno.

„Gospodine, morate nam dati odlične ocene. Sutra ćemo doći da vidimo spisak s ocenama. Morate staviti naša imena u vrh spiska."

Nisu rekli, „molimo vas", nisu molili; reči su izgovarane s prizvukom pretnje. No, neočekivano, nakon što su ih izgovorili oni odšetaše iz sobe, spustiše se hodnikom, urlajući od smeha. Deven nije bio siguran da li je zaista čuo debeljka ili je uobražavao kako je rekao, nadvikujući graju. „Nateraćemo ga da plati. Kako i ne bi?"

Kad se vratio kući, našao je još jedno pismo:

> Neodgovaranje na moj zahtev za lekarsku pomoć požuruje moju prevremenu smrt. Porodica je veoma zabrinuta. Moj sin ostaće bez oca. Njegova mati je ozbiljna. Neophodno je obezbediti budućnost dečaka pre no što se ja preselim na drugi svet. Koledž u Mirporu treba da obezbedi detetu besplatno školovanje u znak priznanja za posao koji sam obavio za njih. To je mini-

malna cena koju tražim za snimanje i recitovanje poezije. Molim vas uredite da se pruže sve olakšice jedinom muškom potomku pesnika –

Sedeo je celu noć sa vlažnim peškirom oko glave i ispravljao zadatke. Sve je bilo tiho kao smrt, drvo u dvorištu činilo se mrtvo. Samo je cvrčak neprestano cvrčao u kuhinji, cvrčao i cvrčao. Radio je, zahvalan što je sam u kući. Pintu je otišao, a Sarla se nije vratila. Laknulo mu je i što su Nurove trake sklonjene tamo gde nije morao da ih gleda ili, bar noćas, da ne misli o njima. Još nije smogao snagu da se suoči s njima. Kad je ustao da ode u postelju, zateturao se. Ležao je želeći da ostatak života provede u ovom gotovo nesvesnom stanju. Nadao se da će moći nastaviti svoj pređašnji život ne-događanja, prazan i beznadežan, siguran i podnošljiv. Jedino je za takav život on stvoren, mada život nije možda pravi termin. Potreban mu je još sivlji, neutralniji, tmurniji. Probirao je alternative kroz iscepane komadiće sivog papira puštajući ih da padaju na dno njegove svesti sa šapatom i zatrpaju ga u san.

Ujutru je odneo spisak sa ocenama u koledž. Bilo je mnogo studenata koji su čekali pred kapijom. Nije im bilo dozvoljeno da ulaze, morali su da čekaju rezultate do dva sata posle podne. Deven je izbegavao da im pogleda u lice ali dok je prolazio čuo je kako neko prosikta, „Tsss, sahibe Šarma, jeste li učinili ono?"

„Sastanak je u zbornici", reče čuvar Devenu i otvori kapiju da ga propusti.

Sastanak je bio počeo. Deven ode i sede na stolicu u pozadini. Spisak s ocenama držao je na kolenima, osluškujući zvukove električnog ventilatora iznad glave, a ne monotone glasove. Znao je da govore ono što su izgovarali svake godine – kako se standard pogoršao, kako ne smeju dopustiti da se to nastavi, kako se sledećeg semestra mora uložiti trud da se popravi posećenost predavanja, kako popustljivost u tom pogledu dovodi do slabog uspeha na ispitima, šta nastavnici treba da učine u vezi s tim, šta treba i šta moraju da učine...

Posle toga, predao je spisak s ocenama da se okači na oglasnu tablu. Zatim je stajao i pitao se šta sad da čini. Morao je učiniti nešto da izbegne odlazak do ormana i suočavanje sa trakom. Dok je gledao unaokolo tražeći spas, njegov kolega Džejdev priđe mu i pozva ga da pođe s njim u kantinu na šolju čaja. Deven to prihvati i nađe se za stolom pokrivenim limom preko puta Džejdeva koga nikako nije voleo. Bio je to mršav momak u stalnom pokretu, uskih kukova i ramena koji su pravili gmizavačke pokrete kao da se provlači kroz pukotine.

Džejdev kao da nije osećao Devenovo neprijateljstvo i nelagodnost. Široko mu se osmehnu. Njegov jedan prednji zub bio je obložen zlatom i caklio se.

„Devene-*bhai*, zašto izgledaš tako bolestan? Zar se nisi dobro odmorio?" pitao ga je nudeći mu cigaretu.

Deven prihvati cigaretu ali odmahnu glavom. „Nisam, celo vreme sam radio."

„Zašto si to činio? Kakvo dobro od toga? Zar nisi dobio unapređenje?"

Deven se gorko nasmeja. „Unapređenje", reče. „Ja ću biti otpušten. Zbog mog teškog rada – otpušten."

Džejdev coknu jezikom o zlatni zub. „Ne govori tako. Otpuštanje? Ne, ne, suviše si dobar , vredan, savestan" –

„Ali, moj težak rad ne vodi nikud, nije ništa. Ništa."

„Ne, ne, *bhai*, ne govori tako. Vidi šta sam dobio poštom", reče Džejdev vadeći razglednicu iz džepa na košulji i pruži je Devenu koji ju je zagledao namrštivši se zbunjeno. Na razglednici je bila slika Miki Mausa u boji kako prodaje kokice u kiosku boje šećerleme, a oko njega deca rumenih obraza u majicama sa slovima jedu kokice iz ogromnih kesa. Iznad njih se vidi vrteška iz zabavnog parka u pozadini. Vraćajući je Džejdevu, on zapita „Šta je to?"

„Razglednica od mog prijatelja iz Amerike. Da li si poznavao momka po imenu Viđaj Sud koji je bio u Mirporu pre dve godine? Otišao je u Indijanu, predaje na državnom koledžu, zarađuje visoku platu, ima veliku kuću, dobro mu ide. Vidi šta piše" – Džejdev okrete kartu i pročita veselu poruku s druge strane.

Deven ga zaustavi kratkim pokretom. Nije ga zanimalo da čuje kakva je kola čovek kupio, ili kroz koje se države vozio za vreme odmora. „Šta predaje tamo?"

„Biohemiju – to je bio Sudov predmet. Otišao je u Indijanu kao stipendista da studira, i na kraju su mu ponudili posao. Zašto ne bismo i mi učinili isto? Zašto ne bismo i mi ostavili ovu kantu za đubre od Mirpora i otišli u Ameriku gde su žene visoke, bele, plave..."

„A šta ćeš tamo predavati – Hindi?" prekide ga Deven nestrpljivo. Ugasi cigaretu u tanjiriću. „Kakvi su tvoji snovi? Amerika! Hoćeš da dobiješ posao tamo kao nastavnik Hindia?"

Džejdev pocrvene, uvređen i zbunjen. Pokušao je da razveseli jednog snužđenog kolegu i bio je izgrđen i sad se i on osećao snužden. Priznao je „Mi jesmo na pogrešnoj katedri. Uzeli smo pogrešan predmet. Trebalo je da studiramo fiziku, hemiju, mikrobiologiju, kompjutersku tehnologiju – nešto naučno, nešto američki. Onda bismo imali budućnost."

Deven ga sažaljivo pogleda. „Mi nemamo budućnosti. Nema budućnosti. Postoji samo prošlost."

Džejdev napravi grimasu. „Kakva su to trabunjanja o prošlosti? Sit sam svega toga. To je jedino što znamo u ovoj zemlji. Istorija nas uči o slavnoj prošlosti naše stare zemlje. Učitelji Hindia i Sanskrita uče nas o slavnoj književnosti prošlosti. Sit sam i toga. Šta je sa budućnošću?" promuca on.

Nije se bunio kad se Deven digao da ode. Na vratima Devena je zaustavila poznata grupa mladića gledajući ga sa sumnjičenjem i pretnjom u očima. On ljutito prođe pored njih.

Otvarajući vrata od terase, ugleda dva pisma na nepočišćenom podu koja je proturio poštar. Na jednom je prepoznao Sarlin rukopis i spustio ga na sto, a onda je otvorio drugo sa poznatijim rukopisom. U koverti je našao dva lista. Na jednom je bio pažljiv, pravilan rukopis koji je poznavao i bojao ga se. Drugi je bio komad masne, žute hartije. Otvarajući ga video je da je to račun za pet stotina rupija, „kirija za sobu", pisalo je, sa datumima za koje vreme su oni koristili sobu na poslednjem spratu ružičaste kuće, on i Nur i magnetofon. On se spusti u stolicu od trske da pročita pismo koje je išlo uz račun.

„Begum Safija me je zamolila da pošaljem priloženi račun", pisao je Nur, „da bude odmah isplaćen. Zahvaljujući njoj kirija nije naplaćena unapred kakav je običaj. Molim vas uredite da se račun plati."

Sarla se nije vratila. Koledž se nije još otvorio. Ima još vremena da opet ode u Delhi. Poslednji put. A onda neće više nikad ići tamo.

„Hladna voda, deset *pajsa*", izvikivao je prodavac vode na autobuskoj stanici, vozeći pokretni tank za vodu duž reda koji je čekao autobus za Delhi. Ugledavši kako Deven oklevajući izađe iz reda, zaustavi se i reče ohrabrujući, „Gospodine, putovanje po ovoj vrućini može da dovede do toplotnog udara. Uzmite hladne vode, deset *pajsa* čaša." Deven uze čašu od debelog stakla i podmetnu je pod metalnu pipu. Da li će mu to pomoći da preživi ovaj put?

Bile su to poslednje dve nedelje pred početak monsuna u Delhiju. Cela ravnica unaokolo bila je opustošena od višemesečne velike vrućine. Nije bilo ničeg da se vidi sem sumporno žute prašine, belog neba, poneki odsjaj komada lima. Nije bilo pasa lutalica, ni strvinara, čak ni vrana. Izgledalo je da su žbunje i trava uginuli, zemlja je bila ogoljena ili sakrivena mrtvačkim pokrovom. Autobus je tandrkao kroz pustoš kao da je nosio leševe da ih tu istovari.

Ipak u Delhiju, vlasnik kioska za čaj kuvao je čaj u posudama, pozivao prašinom pokrivene putnike, veselo kao što je činio u prijatnijim godišnjim dobima. Sad su se svi okrenuli od njega i uputili se tezgi s hladnim pićem, birajući između crvene i narandžaste gazirane vode. Deven se nije tu zaustavio već je pozvao skuter rikšu i rekao mu da ga vozi do Kašmirske kapije. Vreo vetar koji je duvao kroz otvoreno vozilo kao da je hteo da ga pretvori u pepeo. Držeći jednu ruku preko usta i nosa da se zaštiti od prašine, a drugom pridržavajući naočare za sunce, stigao je u grad u zidovima i zaustavio se pred Muratovom kancelarijom.

Tama na spratu bila je olakšanje kao kad se stavi zavoj na razderotine izazvane vrućinom napolju. Murat i stari štampar koji su sređivali štamparska slova, obojica se trgoše kad ga ugledaše na vratima.

„Da li si od sunca poludeo?" zapita ga Murat.

„Popijte malo vode", reče štampar ljubazno.

Deven sede i prihvati čašu vode koju mu donese mangupčić koji je još uvek vezivao pakete na balkonu.

„Časopis još nije izišao – svoj članak poslao si suviše kasno – pa je sve zadržano. Ne možeš očekivati da izađe pre petnaestog", izgovori Murat glasno.

Deven spusti čašu, obrisa usta a onda uze komadić žute hartije i pruži je Muratu.

„Šta je to?" zapita Murat sumnjičavo i odbi da ga uzme.

„Još jedan račun" –

„Slušaj", viknu Murat ratoborno. „Nemoj više ništa da pokušavaš sa mnom u vezi s tim. Već sam potrošio i poslednju paru koju sam mogao dobiti od majke, na tog tvog đavolskog pesnika" –

„Murate, *ti* si me poslao *njemu*." Devenov glas je podrhtavao. Oni ga stoga pogledaše. Sedeo je na stolici potpuno presavijen, ruku obavijenih oko sredine tela kao da hoće silom da zaustavi svoju tugu da se ne izlije. Da je bio starica, on bi se klatio i kukao.

Posle kratkog razmišljanja Murat progovori, „Jeste, ali šta je to koštalo *tebe*? Ja sam plaćao sve – kupovao flaše ruma, naručivao hranu za punu sobu danguba i nevaljalaca, iz nedelje u nedelju. Na kraju je čak i moja sveta mati postala sumnjičava i htela da zna zašto mi je potreban toliki novac. Ona je voljna da mi udovolji toliko, ali ne više. Ne više, kažem ti, zato ne pružaj taj komad prljave hartije – odnesi to. Odnesi to natrag u Mirpor i pokaži menadžeru tvoje banke."

Stari štampar stajao je trepćući čas u pravcu Murata čas u pravcu Devena, plašljivo kao sova na dnevnoj svetlosti.

„Slušaj, Murate" molio je Deven zavalivši se u stolici. „Ne tražim da platiš nijedan račun više. Tražim samo da mi daš akontaciju za članak koji sam ti poslao. Već ga imaš" –

„Šta?" zaurla Murat ljutito. „Ona dva, tri lista koje si mi poslao? Ti misliš da oni vrede *pet* stotina rupija?" Zamahnu pesnicom na račun koji je Deven stavio na sto pred njim. Murat se toliko razbesneo da mu je pomodrele usne prekrila pljuvačka.

„Nikad te nisam pitao koliko ćeš mi platiti", reče Deven tužno i teško. „Primio sam se posla samo zato što me je zanimao."

„Baš tako", profrflja Murat, prekidajući ga. „Bila je to čast – ti si rekao da je to čast – nešto što nisi ni sanjao da ti se u životu može dogoditi – da ideš da posetiš Nura, razgovaraš s njim. Tebi je pripala cela zabava i čast – a sad povrh svega hoćeš plaćanje."

Štampar škljocnu jezikom sa neodobravanjem. Deven pogleda u njega molećivo, osećajući njegovo saosećanje. „Zar se ne plaćaju svi saradnici?" zapita u očajanju. „Zašto da se meni ne plati za moj prilog?"

„Sahibe Murate, on je u pravu. Pošteno je da se podjednako tretiraju...", molio je starac, odmahujući glavom dok je govorio.

Budući brojno nadmašen Murat se uputi u daleki ugao sobe. Odande je pesnicom pretio Devenu i vikao, „U redu, bićeš isplaćen, ali tek kad se članak pojavi – to je pravilo. Svi moji saradnici bivaju plaćeni posle objavljivanja, a ne pre. Moram podjednako da se ponašam prema svima. A ne pomišljaj, ne pomišljaj", podiže glas preteći, „da ću ti isplatiti tu sumu. To je deset puta više no što ja plaćam za intervju od dve strane! Devene, ti si samo onaj koji intervjuiše, a ne pesnik."

Deven saže glavu tako nisko da mu čelo dodirnu sto pred njim. Bio je miran, buljio u drvenu ivicu čekajući da mu njeno crnilo uđe u glavu i pretvori i nju u crno drvo.

Sada su se svi užurbali oko njega. Stari štampar položio ga je na leđa i opipavao mu puls. Momčić je poslat da donese još jednu čašu vode. Čak je i Murat bio u blizini – Deven je ugledao vrhove njegovih cipela blizu svoje stolice. Stigla je čaša vode. Štampar mu je prinese usnama govoreći, „Vrućina – koliko će još trajati? Monsuni su zakasnili. Kako da podnosimo ovo? To je isuviše. Nije trebalo da dolaziš po ovoj vrućini, nije trebalo da napuštaš kuću..."

Deven obrisa usta i spusti čašu. Zatim se diže da ide. Nije mu ostalo ništa drugo. Čudnovato, ta izvesnost da ne može više očekivati od Murata, smirujuće je uticala na njega. Može biti kad ga svako otpiše i on ostane potpuno sam, počeće da nalazi sebe i sopstvenu snagu.

Murat požuri za njim i uhvati ga za ruku napolju na stepeništu. „Slušaj, Deven, znam da imaš probleme. Ti si napravio dugove. Dopustio si da te zanese cela stvar, jednostavno si izgubio kontrolu, dopustio si svakom da te zlostavlja i vara, i sad ne možeš da platiš račune" –

Deven se malo zanjiha na odmorištu ali ne reče ništa. Murat nastavi. „Reći ću ti nešto. Traku za koju kažeš da si je napravio – završenu, očišćenu – daj meni. Daj mi sva prava. Dopusti mi da pokušam da je prodam HMV ili Polidoru. Onda ću platiti tvoje dugove, platiti hotelski račun, platiti Nuru, njegovoj ženi, isplatiti svakog kao uzvrat za sva prava." Stavio je šaku na Devenove grudi i drmnuo ga je blago da mu izvuče ispravan odgovor na svoju sjajnu ideju. „Uviđaš li?" reče.

Deven ga obema šakama odgurnu koliko je mogao na malom odmorištu, dok mu ne dogura leđa do zida. „Ne mogu to da učinim", prosikta, „to je svojina koledža. Koledž je dao novac za magnetofon, trake, snimanje. To pripada *njima*."

„A, tako?" reče Murat, ispravivši se u uglu i snažno odbacivši Devenove šake. „Onda neka tvoj koledž plati i račune."

Deven se spusti niz drvene stepenice, čvrsto koliko je mogao mada su mu klecala kolena. Muratovo neverstvo ispuni ga gvozdenim otporom i on se oseti čvrst i postojan. Približavajući se podnožju stepeništa čuo je Murata kako viče preko ograde, „Poslednji put ti nudim pomoć – poslednji put. Sva prava! Samo sva prava!"

Deven se uputi izlazu ne osvrćući se.

Tog dana temperatura je bila viša od 40°C. *Neem* drveće duž ulica klonulo je, pogođeno i prekriveno prašinom. Konji u zaprezi starih *tonga* stajali su nogu povijenih, a vratovi su im se njihali među kolenima. Čak i muve prilepile su im se uz gubice i slabine i prestale da lete i mile i kao da su bile prilepljene lepkom. Saobraćaj se i dalje kretao, motorni i biciklistički, ali kao da je tražio da ode negde i umre. Deven se kretao polako i probijao se kao plivač u nepoznatoj vodi, zastajući često u senci nekog drveta ili zgrade, ponekad pijući vodu u nekom od kioska sa pijaćom vodom koje su postavili filantropi. Na glavu je stavio maramicu i zavezao je u čvorove na uglovima. Išao je bez cilja, ali u kasno poslepodne našao se u Čandni Čoku, zastajao ispred juvelirskih radnji, poslastičarnica, među kupcima, uličnim prodavcima, ručnim kolicima i buljio.

Zeleni zid bolnice video se iznad gomila voća i venaca od cveća na tezgama koje su bile s obe strane belo i ružičasto okrečenog hrama sa srebrom optočenim vratima. Nurova kuća bila je udaljena samo nekoliko minuta hoda. Kad bi otišao tamo našao bi Nura kako se budi posle dugog popodnevnog spavanja. Našao bi njegovo služinče kako mu priprema za veče sofu na terasi među njegovim golubovima. Seo bi Nuru podno nogu, slušao njegov glas dok on recituje svoje stihove i žali se na svoju sudbinu, a možda bi i doznao da li je sve to bilo vredno svih nevolja, da li se išta od vrednosti dobilo. Pitao bi, u čemu je stvar sahibe Nur? Šta je sve to? Ali, nastavio je da luta. Prošao je pored zidova od peščara Crvene tvrđave još uvek užarenih od vrućine, i preko prašnjavih ravnih površina koje ih dele od velike Džamije. Nastavio je da hoda prema Daria Gandžu, pomišljajući da bi mogao posetiti Radžovu tetku. Otišao je iz njene kuće ne rekavši joj da se neće vratiti. Treba to da objasni. Kad ga ugleda ona će se samo nasmešiti i neće ništa reći. Možda će je naći kako sedi pred svojim vencima okićenim bogovima, svira na cimbalu dok krojač peva. Zatim će ih zapitati: Zašto? Čemu sve to? U čemu je stvar?

Umesto toga, on skrenu desno i uđe u mali park u kojem su kraljevske palme marširale u ozbiljnim redovima s obe strane šljunkovite staze i gde su bile klupe postavljene među lejama kane. Sve je bilo blago geometrično. Bilo je rano za stanovnike grada da navale da udahnu vazduh, i Deven sede na praznu klupu. Zavalivši glavu otkri kako može da vidi kupolu i istočni zid džamije. Iza nje sunce u velikom mesinganom požaru zaslepljivalo mu je oči, ali njeni oblici i linije jasno su se ocrtavali na vrućini i svetlosti. Beli i crni mermerni pervaz istočnih vrata stvarao je graciozne, kaligrafske šare. Ogromna zasvođena vrata uzdizala su se do kupole koja se dizala kao veliki klobuk koji je ravna zemlja izbacila u prašnjavo žutosivo nebo, ćutljivo izdisanje kamena. Bilo je tiho, veoma spokojno. U stvari bio je to nemi odgovor na njegovo pitanje. Pošto je bio nem nije ga mogao čuti ali je osećao kako utiskuje svoj oblik na njegove očne kapke, veoma nežno, veoma blago, kao vrhovi prstiju koji ih pritiskuju da bi zaspao. Nebo postepeno iščeze, sunce, svetlost, blesak i oblik postadoše jasniji i oštriji dok sve nije postalo – hladno, uzvišeno i daleko.

Sedeći tako dok se spuštao sumrak, ne primećujući decu koja su se penjala na naslon klupe i odatle skakala urličući i vrišteći, niti žene koje su se kretale u grupama i cvrkutale pod svojim crnim, mrkim i belim velovima, niti porodice koje su sedele na travi oko tranzistora i s papirnim fišecima slanih *nauta*, Deven se sećao, sasvim neobično, razgovora u kanitini sa Džejdevom o tome kako zavidi svojim kolegama naučnicima koji su se opredelili za matematiku, za geometriju, gde svako pitanje ima svoj odgovor a svaki problem rešenje. Kad bi umetnost, kad bi poezija mogle biti primorane da pruže svoje odgovore, ne samo da se oni sadrže u savršenim, čistim oblicima već da ih oslobodi, načini upotrebljivim, onda, mislio je, onda –

Ali onda bi mehur bio probijen i pukao bi i ne bi više bio savršen. A ako nije savršen i stalan, bilo bi sve nizašta, bilo bi ništa.

GLAVA JEDANAESTA

Kad se sutradan vratio, kuća je bila otvorena. Došla je Sarla. Savijena, čistila je pod dugačkom, mekom metlom. Prašina je ležala skupljena u gomilice oko nje. U nekima je bilo suvog lišća drveta *neem*, u nekima perja, a sve su bile izmešane s pocepanim pismima. Kroz vrata je video njen prtljag sklonjen u stranu, još neraspakovan.

Kad uđe, ona podiže pogled. Obavila je jedan kraj sarija oko usta i nosa da se zaštiti od prašine dok čisti. Jednim prstom ga ukloni puštajući ga da padne, i zagleda se u njega. „Još uvek provodiš sve svoje vreme u Delhiju?" zapita tužno.

Stajao je sasvim mirno, mada je bio veoma uznemiren, i veoma iscrpen zbog neprospavane noći provedene na autobuskoj stanici. „Zašto mi nisi rekla da se danas vraćaš? Došao bih na stanicu da te dočekam."

„Pisala sam", odseče ona, i pokaza na neotvoreno pismo na stočiću pored njegove stolice. „Nisi ga otvorio", optuži ga ona, i poče opet da čisti.

Nije joj se sklonio s puta već je stajao posmatrajući je kako puže po podu skupljajući prašinu u gomilice pred sobom. Oseti da ga više ne ljuti prizor njenog teškog rada, niti mu je odvratna pohabanost njene iznošene odeće koja je visila na njoj, niti njen savijen, iskrivljen položaj, njena neuredna kosa i nabusit izraz. Sve je to deo njegovog ponižavanja. Pomislio je da je dodirne, da prebaci ruku preko njenih povijenih ramena i privuče je sebi. Kako drukčije da joj kaže kako deli s njom sva njena razočaranja i bolove?

No, nije mogao da napravi taj pokret: to bi zauvek potkopalo njegov položaj vlasti nad njom, položaj značajan za nju koliko i za njega. Ako ona prestane da veruje u to, šta bi joj ostalo da čini, kuda da ode? Takva se pustoš ne sme dozvoliti. Stoga se on skloni u stranu i zapita, „Gde je Manu? Nisam ga video?"

„Otišao je susedima da im pokaže svoju novu odeću", reče Sarla ne gledajući ga. „Moji roditelji kupili su mu novu odeću, i cipele."

On klimnu glavom prihvatajući potpuno ovaj udarac njegovom ponosu i dostojanstvu hranioca porodice. On je zaslužio njihove uvrede. Imali su potpuno pravo da ga vređaju. Kad je poslednji put išta kupio svome sinu? A sad, naravno, neće nikad – on je uništen.

Sede na stolicu od trske i zagleda se u otvorena vrata vrta, čekajući Manua. Bar je Sarla mislila da on to čini. Osećao je potrebu da je zapita, „Jesi li umorna? Hoćeš li da ti skuvam čaj?" Suprotno spoljnjem izgledu, ona je u stvari bila sasvim zadovoljna što se vratila u svoj domen, da preuzme sve odgovornosti, njeno neophodno prisustvo ovde. U kući njenih roditelja nedostajalo joj je osećanje sopstvene sposobnosti i položaja.

Deven samo odmahnu glavom ne rekavši ništa. Ona poče da se ljuti zbog njegove nepomičnosti. Želela je da nastavi čišćenje kuće. Ona ustade i ode da uzme pajalicu, i viknu iz kuhinje, „Kako si mogao dopustiti da se kuća ovoliko isprlja. Zašto nisi pozvao čistača da dođe i očisti je?"

On zausti da joj kaže kako nije znao gde čistač stanuje, no, morao bi da podigne glas a nije mogao, bio je suviše umoran. On sklopi ruke i zurio je u neotvorena pisma na stolu pored njega.

Mora da je to bila Šarlina ruka koja ga je vodila, pomoću daljinskog upravljača, zato što pismo koje je najzad uzeo nije bilo napisano Nurovim poznatim rukopisom. Listovi, presavijeni ispadoše kao u paketu. Kad ih je otvorio videlo se da su veoma tanki. Rukopis na njima bio je krupan, iskošen, ispunjen zavojitim šarama i ukrasima. Reči su ulazile jedna u drugu kao talasi koji se preklapaju i pretvaraju u potop.

> Snimanje nije tajna. Bez obzira kakav vam je bio razlog da sakrijete to od mene, sahib Nur nije mogao to da sakrije od mene. Jesam li ja smatrana nesposobnom da razumem potrebu snimanja Nurovog glasa za potomstvo? Dragi prijatelju, molim vas da shvatite da ste svojom prevarom uvredili moju inteligenciju.

Elegancija i kitnjastost njenog Urdu jezika ušla je u Devenove uši kao treštanje truba i udarala po njegovim slepoočnicama dok je čitao. Suštinski, neslućeni duh žene oslobodio se svog omotača, svih šljokica, velova i đinđuva i otkrio lice žene s kojeg je sprana farba i puder i koje je imalo izraz koji natera Devena da zastane i spotakne se pre no što je mogao da nastavi čitanje.

> Nema sumnje da su vam ljudi u čijem ste društvu, u kojem terate i sahiba Nura da bude, napunili uši otrovom svog ogovaranja. Kao i oni vi mislite da sam ja prostitutka koja je zasenila Nurove oči svojom igrom, i tako sebi utrla put iz kuće prostitucije u kuću uglednog pesnika. Zar to nije uvreda pesnika za koga tvrdite da ga obožavate, nezavisno od vređanja žene? Zamišljate li mogućim da jedna obična igračica osvoji srce velikog pesnika? Zar nije jasno da je njega zanimao moj duh, pa ako sam pronašla put do njegovog srca to je bilo zbog onog što sam govorila, zbog moje poezije i duha koji sam imala? Dozvolićete mi da vam to dokažem stavljajući pred vas moju poeziju.

Prema standardima sahiba Nura pesme koje prilažem da ih vi pročitate mogu vam se činiti slaba dela. Budite ljubazni i imajte na umu da za razliku od Nura i za razliku od vaše poštovane ličnosti, ja sam žena i nisam školovana, samo ono što sam sama uspela da otkrijem i ščepam za sebe. Za razliku od pesnika i učenjaka koji su stekli ugled, ja nisam imala zaštitnika izuzev mog poštovanog muža, nikakvog podsticaja ni saosećanja. Ipak mora da sam imala nekog prirodnog dara ako je Nur lično bio impresioniran mojim prvim stihovima. To je razlog što se oženio mnome u starosti, da bi imao pored sebe intelektualnog sagovornika što nije imao u svom prvom braku. Niko od vaših prijatelja mu ne pripisuje ni toliko inteligencije mada izjavljuju kako ga obožavaju.

Stoga je neophodno da dokažem svoj talenat i mogućnosti vama i ostalim učenjacima i poklonicima umetnosti poezije. Zbog toga prilažem svoje najnovije pesme da ih pročitate, proučite i presudite da li imaju sopstvenu vrednost. Da vidim da li ste dovoljno jaki da se suočite s njima i priznate njihovu vrednost. Ili da li će vas one ispuniti strahom i nesigurnošću zato jer vam prete opasnošću – opasnošću da vaša superiornost u odnosu na žene može doći u sumnju. Kad ste ustali i napustili *mehfil* dok sam ja pevala svoje stihove, zar to nije bilo zato što ste se bojali da mogu pomračiti stihove sahiba Nura i ostalih muških pesnika koje vi uvažavate? Zar vam nije bilo nepodnošljivo da jedna žena može imati talenat ravan njihovom ili čak da ih može prevazići? Zar vi ne pretpostavljate da zato što ste muškarac, vi imate pravo na pamet, talenat, slavu i dostignuće, dok ja, zato što sam rođena žensko, osuđena sam da se zadovoljim što sam klevetana, ismevana, ignorisana i zanemarena? Zar niste to bili vi koji ste me naterali da igram ulogu lake žene u drečavoj odeći time što ste odbili da shvatite moje delo ozbiljno i poklonite mi bar onoliko poštovanja koje biste ukazali čak i nekom neuspelom umetniku ako je muškarac? U ovom nepravednom svetu koji ste vi stvorili šta sam drugo mogla da budem do ono što sam?

Zapitajte se, kad budete čitali moje stihove, da li imate hrabrosti...

Ali Deven nije imao hrabrosti. On nije imao vremena, ili potrebna sredstva, da se suoči s novim prisustvom koje je bio srećan da ignoriše ranije i da ga potisne u groteskan svet histerija, svađalica, muškobanja, luda i odbačenih. Nije za plašljivog i opreznog da uđe u taj svet u misiji milosrđa ili izbavljanja. Ako bi se on upustio u to, ono što je saznao uništilo bi ga kao što trenutak lucidnosti može uništiti milosrdne obmane ludaka. On ne može to dopustiti.

Sarla, ušavši sa svojom pajalicom, ugleda ga kako cepa listove plavog papira i povika, „Ti bacaš đubre svuda po podu koji sam počistila!"

Sledećeg jutra on je pošao u kancelariju za evidenciju studenata da zahteva intervju sa direktorom kako bi mu objasnio celu stvar pre sastanka odbora poslednjeg dana letnjeg raspusta. Traka se ne može prikazati odboru, to je izvan svake sumnje. On će morati da osvoji direktorove simpatije i spreči da se tako nešto dogodi. Traku, sramotnu traku, ne sme niko čuti.

„Tata, kupi nam lubenicu", čuo je kako Manu viče dok je otvarao kapiju. On klimnu glavom i mahnu dečaku a onda se okrete i vide poštara kako mu pruža pismo. Uzevši ga bez reči kao da je injekcija koju mu ubadaju u ruku koja se koči i puni vrelim olovom, on stavi pismo u džep i pođe, govoreći sebi da ovo mora prestati, mora se to zaustaviti –

Činovnik ispred kancelarije za evidencije saopšti mu da je sahib na sastanku u direktorovoj kancelariji i da će morati da čeka na intervju. Deven je stajao mirno trenutak, razmišljajući, a onda izađe. Koliko još Nurovih računa, zahteva, on može podneti njima? Nur nikad neće prestati da piše, zahteva. Pisma će i dalje stizati, kao što trake i dalje melju. On se upustio, i oni s njim, u bujicu koju kao da je nemoguće zaustaviti.

Sad je najvažnije pronaći nekoga ko to može zaustaviti. Mora da je imao još neke ostatke poverenja u Sidikija jer se obreo pred kapijom od kovanog gvožđa koja vodi u njegovu kuću. Samo kuće više nije bilo. Stajala je gomila ruševina iz koje se dizala prašina kao duh, a radnici su rušili, udarali su i obarali sve što je ostalo uspravno. Dok su radili vikali su glasno i divlje kao da su to rušili iz lične osvete. Oronula vila stenjala je dok su poslednji njeni ostaci padali.

„Uđi, uđi", rekoše prodavci cigareta i banana na kapiji. „Naći ćeš sahiba tamo – on stoji pod drvetom i ceo dan posmatra", i oni mu pokazaše na prašnjavo *neem* drvo pored zida.

Deven se približi drvetu i zateče Sidikija pod njim kako drži crn platneni kišobran iznad glave. Kad je ugledao Devena on mu mahnu sasvim veselo ali pomalo nejasno, okrećući se da izda naređenja nekim radnicima i da razgovara s brkatim preduzimačem. Isprativši ih on se okrete Devenu i viknu, „Dođi da vidiš kako kuća mojih predaka nestaje u prašini Mirpora, Deven- *bhai*."

„Nisam znao", zamuckivao je Deven, „nisi rekao" – „Ne, ne, bio sam toliko zauzet te nisam mogao dolaziti u koledž u poslednje vreme. Vidiš, dobio sam ponudu od jednog Delhijskog poslovnog čoveka. Hoće da gradi na ovom zemljištu – da podigne blok stanova s radnjama u prizemlju, bioskopom, kancelarijama na spratu – ima svakojake planove da ovu pustoš iskoristi. A meni je potreban novac – znaš moju slabost – ponuda je bila suviše dobra da se odbije, i" – on se malo zakikota, protrlja prašinu na čelu a onda se oduševljeno okrete preduzimaču koji se vratio sa porukom od koje mu se donja vilica ozbiljno spustila.

Deven je bio svestan da smeta. Ipak nije mogao da ode a da ne pokuša, iako je znao da sad nije vreme i da smeta. „Sahibe Sidiki", promrmljao je, „hoćeš li doći sutra na sastanak u koledžu?"

„Neću, neću, nemam vremena, zar ne vidiš. Nije to mala stvar, izgraditi ovakav prostor", reče osorno.

„Tako je", reče Deven kratko, klimajući glavom, „ali mislio sam da im možeš reći – bibliotekaru bar ili evidentičaru, ako ne direktoru – da posvedočiš vrednost trake – makoliko da je neispravna, loša, ipak je autentična, i ima istorijsku vrednost", molio je, a znoj mu orosi gornju usnu, „a napravljena je uz veliki napor. Ako biste ih mogli ubediti da plate račune koje sam sakupio dok sam snimao" –

„Traka?" prekide ga Sidiki nestrpljivo. „Ona neupotrebljiva traka? Prijatelju moj, ona je katastrofa, ne vredi ništa. Beskorisno je da je oni čuju."

„Naravno da ona ne valja sahibe Sidiki", odgovori Deven, „ali ona nije bez vrednosti. Ona ipak ima nekog značaja za Urdu poeziju. Ako bi ti kao šef Urdu katedre ubedio njih da je projekat bio vredan, možda bi onda računi" – on poče da pretura po džepu, izvuče neotvoreno pismo, vrati ga, izvadi drugi komad papira, ovog puta račun za sobu koju je i ne znajući iznajmio, i pruži ga Sidikiju.

„Šta je ovo? Još jedan račun? Ko će ga platiti? Koledž? Nikad", reče Sidiki, ali ispruži ruku i uze ga. Sa svim bogatstvima svoje budućnosti pred sobom kao graditelj novih stanova, mogao bi sebi dopustiti malo velikodušnosti prema beznadežnim ljudima svoje siromašne prošlosti. „Naravno da to mogu podneti – ali ne znam da li će to išta koristiti."

„Sahibe Sidiki", viknu Deven, „to nije moja greška! Ja sam mnogo radio – pripremio sam se za to i radio – ali mene su svi obmanjivali – čovek koji mi je prodao polovnu opremu, tehničar koji je rekao kako ume da snima bio je potpuno neiskusan, Murat koji je rekao da će platiti a nije, Nur koji mi nije rekao da hoće da bude plaćen, njegova žena, druge žene, svi" –

„O", reče Sidiki pogledavši ga hladno s visina svog novog prosperiteta, „a zašto si dopustio da te svi varaju? Zašto se nisi pobrinuo da to ne čine? Pogledaj mene, kako stojim ceo dan na vrelom suncu i gledam kako svaka cigla pada, da me ne bi prevarili. To je jedini način Devene-*bhai* – težak rad, težak rad."

„Ali, sahibe Sidiki", reče Deven, a grlo mu je bilo toliko suvo da mu se glas pretvorio u promukao šapat,

„radio sam, znaš da jesam. A nema ničeg da se vidi, samo zbrka, promašaj. To će svi videti. No, ispod toga – ali ispod toga leži moj napor i moja – moja iskrenost. I moje poštovanje pesnika, i moja ljubav za poeziju, ti to znaš. To bi trebalo da uzmeš u obzir pre no što doneseš sud" – a onda njegov šapat poklopi ogroman tresak cigala i maltera na terasu odakle se razbiše i, s tužnim uzdahom, rasturiše po nečemu što je nekad bio travnjak.

U biciklu rikši na putu kući – osećao je u nogama čudnu slabost, znao je da ne može hodati – on otvori pismo. Ovog puta nije bilo pisano na engleskom već na Urdu jeziku i on ga je čitao dok se truckao ulicama, pa su slova ludo poigravala pred njim od čega oseti vrtoglavicu.

Moji golubovi umiru. Nova bolest se pojavila, nepoznata lekarima u bolnici za ptice. Pet je već odnela, svi šampioni. I na ostalima vidim sivu plesan koja raste dok ne pokrije ptičju glavu, zatvori joj oči i zapečati kljun a onda napada kandže i noge, tako da je polako guši dok ne ugine. Ne postoji lek da ih izleči. Gledam kako padaju i pronalazim ih kako leže postrance, hladni. Kad poslednji moj golub ugine, prestaću da pišem poeziju zauvek. Otići ću s njima.
Osim ako ne urediš da idem na hadžiluk u Meku što jedino može spasti moju grešnu dušu koja je sad kažnjena –

Rikša iznenada skrenu da izbegne sudar sa nekim ko je sišao s pločnika tačno ispred rikše i Deven, nagnuvši se na stranu, nađe se oči u oči s jednim od svojih studenata, lica napetog od mržnje, i ču ga kako tihim glasom izgovori, „Čekaj nas iza koledža da vidiš šta ćemo ti učiniti."

Zatim vozač rikše uspostavi ravnotežu i produži. „Sahibe, je li sve u redu?" doviknu Devenu.

Deven potvrdi glavom. „U redu je."

Noć uoči sastanka koleškog odbora Deven nije mogao da spava. Kuća ga je više pritiskala, vrućina bila neizdržljivija nego ijedne noći tog leta. Činilo mu se da čuje grmljavinu u daljini – možda stiže monsun, možda se približava. Mora da je tako jer nije više mogao da izdrži vrućinu, čekanje.

Ležao je na krevetu od upletenih konopaca u dvorištu, povremeno ustajući da hoda gore, dole, od jednog zida do drugog, bosonog da ne bi probudio ženu i sina. Ali Sarla se probudi kad je kresnuo šibicu da pripali cigaretu, i prostenja buneći se, te on uđe da popuši cigaretu na terasi. Tu nije bilo nimalo vazduha, sav je potrošen i nije ništa ostalo. Napolju u dvorištu Sarla je ležala budna hladeći sebe i sina listom palme koji je šuškao. Najzad joj je ispao iz umorne ruke i ona ponovo zaspi.

Posle kraćeg vremena Deven tiho leže pored njih, naprežući se da čuje vetar ili grmljavinu, no tišina noći visila je netaknuta i neprobojna. Najzad je prekide lavež psa preko kanala. Malo kasnije, pred samu zoru on začu korake kako šeprljaju kroz prašnjavi sokak, i pevanje. Postajali su jasniji i glasniji i bilo je očigledno da se približuju. On siđe s kreveta i ode na terasu da ih posmatra kroz otvor roletne dok su prolazili svi obučeni u belo, noseći lampe. Većinom su to bile stare žene, mahale su glavama dok su pevale, ludačkog izgleda:

O, hoćeš li poći s nama –

Poslednji red predvodio je sveštenik go do pojasa, dodirujući rukom zemlju i propinjući se dok je prolazio, udarajući cimbalima razuzdano.

„Šta je to?" zapita Sarla, priđe mu i stade pored njega, unezverena zbog prekinutog sna. „Zašto ne spavaš?"

On šmrknu s odvratnošću pokazujući rukom na grupu privrženika. „Ne mogu sad da spavam", reče. „Izaći ću da se prošetam", i pre no što je ona mogla da se pobuni, šmugnu kroz vrata i ode.

Najpre je hodao polako, dajući procesiji udovica vremena da prođe. Budili su porodicu za porodicom dok su prolazili i izazivali lajanje pasa. Skrenuše levo u pravcu hrama u gradu a on skrete desno prema stazi pored kanala. Nije to bilo nešto što je činio ranije, nije bio navikao da bude napolju u to vreme, i osećao se pomalo uzbuđen, osećajući u ušima kako mu udara bilo. Da li je u stvari očekivao da naiđe na studenta koji je bio ljut na njega, s nožem? Ne, on nikad ne bi imao hrabrosti da dođe ovamo noću. Ništa se nije čulo sem vode koja je proticala između obala, mada je bilo suviše mračno da se vidi. Mogao bi da se oklizne u kanal ako ne bude pazio. Osećao je kako mu korov i pampas trava grebu noge a stopala postaju prašnjava a zatim blatnjava dok je hodao. S nevidljivih polja iznenada se divlje oglasi vivak i on je mogao da vidi bledi sev njegovih krila u tami koja je počela da bledi na istoku.

Posmatrao je nebo kako postaje sivo a paperjasta pampas trava dobijala je boju sleza. Nije želeo da svane dan. Nadao se da produži noć beskrajnim hodanjem. Dan će sobom doneti sastanak odbora, istraživanje, ispitivanje, razgolićenje, sramotu. Da, i šta još? Računi će biti vraćeni njemu da ih plati. Slušaće traku i objaviti katastrofu, čak podvalu. Biće kritikovanja. Ko je on da mu se poveri takav projekat i koleški fondovi? Poslaće po njega, moraće da se pojavi pred njima i moli za razumevanje, za milost, za oslobođenje. Ako tako ne bude, on će biti osuđen, možda otpušten. O, Bože, ako se to dogodi, biće uništen, Sarla i Muni zajedno s njim. Moraće da založi, čak da proda njen nakit da plati dugove. Moraće, na svoju veliku sramotu, da je pošalje roditeljima, a dečak će smatrati svoga oca promašenim – sramno, besmisleno, neodgovorno i beznadežno neutešno. Gde će svemu tome biti kraj? Zašto, kad tako jasno sve vidi, ne bi mogao to da zaustavi?

Student koji iskače iz žbunja s nožem bilo bi jednostavno rešenje, nešto čemu se treba nadati, za razliku od ostalog. No, žbunje je stajalo nepomično, još uvek tamno u noći, ni dašak vetra ga nije pokretao. Nema rešenja ili bekstva.

Hodajući, gledao je u stazu od ilovače, beličastu prugu pored tamne vode koja je tekla duboko u svom koritu od trske. Setio se kako je tuda šetao s Manuom i kako je jednom papagaju ispalo sjajno pero iz repa, a on ga je podigao i dao Manuu koji ga je zadenuo za uvo i smejao se tako da se to činilo kao predskazanje, radosno, divno predskazanje. Zatim su se vratili kući i našli Nurovo pismo, prvo Nurovo pismo.

Nur – pokušao je da misli o njemu nezavisno od njegovih pisama, njegovih senilnih zahteva, da ponovo oseća prema njemu ono što je osećao kad ga je Nur prvi put pripustio u svoje prisustvo u njegovoj tihoj, zasenčenoj radnoj sobi. Kad se sećao radosti što čuje njegov glas i sluša ga kako recituje poeziju, zatim kako on recituje njegove stihove njemu, što ih je vezivalo, u savez, znao je da je to ono što on treba da ponovo stekne, da to povrati. Kad bi mogao to učiniti, to bi mu dalo i snagu da preživi sve što se dogodi. Morao je u to da veruje.

Sad je žurio stazom, hodajući brzo kroz korov i travu što su se hvatali na njegove noge, cepajući široku pidžamu, i na njegova stopala u otvorenim sandalama. Sklanjajući ih u stranu, pokušao je da se vrati svom starom obožavanju pesnika, svom strahopoštovanju njega, svojoj odanosti dok je još uvek bila čista i svojoj zahvalnosti za njegovu poeziju i prijateljstvo, to čudno, neočekivano, nezamislivo prijateljstvo koje mu je donelo toliko bola.

To prijateljstvo još uvek je postojalo, čak i ako je bilo zbrka, nerazumevanje. On je zamišljao da on stavlja Nurovu poeziju pod sigurno starateljstvo, ne shvatajući da ako on treba da bude čuvar Nurovog genija, tad će Nur postati njegov čuvar i staviti i njega pod starateljstvo. Taj savez mogao bi biti smatran kao nepodnošljiv teret – ili blistava čast. I jedno i drugo zahteva podjednaku snagu.

Bledo svetlucava staza pored crnog kanala bila je kao konac koji mora da sledi do kraja? Gde *je* kraj? Postoji li? Ukaza mu se vizija Nura na odru, belog, zasutog cvećem, ružama i nevenom, svetlo, sjajno cveće na belom čaršavu. Video je žene iz porodice kako plaču i jauču oko odra. Čuo je pogrebnu muziku. Video je pokrov, grob – otvoren. Kad Nur bude položen u njega, da li će se ova veza prekinuti, ovaj odnos prestati? Ne, nikad – računi će doći njemu, on će morati da plati pogreb, izdržava udovicu, podiže njegovog sina...

On zastade, dišući teško, na obali kanala i zagleda se u vodu koja se zaustavila i pretvorila se koncentrično u kovitlac na tom mestu. Kovitlac je otvor u vodi koji vodi u njene dubine. No, one su tamne i nepoznate. Nebo se punilo sivom svetlošću koja je rastvarala gustu tminu noći. Blistalo je na polju bele pampas trave koja se talasala na iznenadnom povetarcu što se širio, smejao, talasao se i šuštao kroz travu, uz živ, mreškavi zvuk. Mislio je na Nurovu poeziju koju čitaju, njen zvuk tiho je šumorio u njegovim ušima. On je prihvatio dar Nurove poezije a to znači da je on čuvar Nurove duše i duha. To je veliko odličje. Ne može ga poreći ili napustiti ni pod kakvim pritiskom.

On se okrete. Išao je stazom. Uskoro će sunce izaći i plamteti. Počeće dan sa svojim nesrećama. One će sevnuti iz neba i poseći će ga kao mačevi. On će im trčati u susret. On potrča, zastajući samo da iščupa grančice trnja ispod stopala.

O PISCU I DELU

Anita Desaj je jedan od najistaknutijih indijskih pisaca koji pišu na engleskom jeziku. Ona je poznata zbog njenih lucidnih i fino oblikovanih romana i pripovedaka o životu u savremenoj Indiji. Cenjena je zbog onoga što kritičari nazivaju njenim dubokim razumevanjem intelektualnih problema, i njenog intuitivnog shvatanja emocionalnih složenosti. Rođena je u Masuriju (Mussorie) u Indiji 1937. godine. Majka joj je nemačkog porekla, a otac Indijac iz države Bengala. Odrasla je u Nju Delhiju i počela da piše na engleskom kao veoma mlada. Diplomirala je na grupi za engleski jezik na univerzitetu u Nju Delhiju i počela da objavljuje pripovetke odmah posle udaje, 1958. godine.

Smatrajući da je njen prevashodni cilj da otkrije „istinu koja je devet desetina ledenog brega koji leži potopljen ispod desetine vidljivog dela koji nazivamo Stvarnost".

Napisala je osam romana i zbirku kratkih pripovedaka.

Roman *Pod starateljstvom* (In Custody) jeste studija o opsednutosti, zabludama i nevoljama nepoznatog intelektualca koji ima očajničku potrebu da bude priznat. Kritičari smatraju da u tom romanu briljantno otkriva tamne strane ljudskih odnosa istraživanjem dubine i često tragično neispunjene potrebe za priznanjem. Njeni romani jesu duboka meditacija o usamljenosti kao konačnoj ljudskoj sudbini i logična posledica njene teze da su ljudski odnosi u suštini nezadovoljavajući.

Sada živi u SAD.

Z. M.

Izdavačko preduzeće
RAD
Beograd, Dečanska 12

*

Glavni urednik
JOVICA AĆIN

*

Grafički urednik
MILAN MILETIĆ

*

Lektor
MILADIN ĆULAFIĆ

*

Korektori
MIROSLAVA STOJKOVIĆ
NADA GAJIĆ

*

Nacrt za korice
JANKO KRAJŠEK

Realizacija
ALJOŠA LAZOVIĆ

*

Priprema teksta
Grafički studio RAD

*

Za izdavača
SIMON SIMONOVIĆ

*

Štampa
Elvod-print, Lazarevac

CIP – Katalogizacija u publikaciji
Narodna biblioteka Srbije, Beograd

820(73)-31

ДЕСАЈ, Анита
    Pod starateljstvom / Anita Desaj ; [s engleskog prevela Zora Minderović]. – Beograd ; Rad, 1999 (Lazarevac : Elvod-print). – 197 str. ; 18 cm. – (Reč i misao ; knj. 493, 494)

Prevod dela: In Custody / Anita Desai. – Str. 197: O piscu i delu / Z. [Zora] M.[Minderović].

ISBN 86-09-00618-2

ID=76291852

www.ingramcontent.com/pod-product-compliance
Lightning Source LLC
Chambersburg PA
CBHW071707090426
42738CB00009B/1690